D0922924

Mees
zonder
vrees

Lees ook:

– *De nieuwe linksbuiten*
– *De voetbalclinic*
– *De talentendag*

Corien Oranje

Mees zonder vrees

Met tekeningen van ivan & ilia

COLUMBUS

STICHTING NEDERLANDSE
KINDERJURY
2009

Mees zonder vrees
Corien Oranje

ISBN 978-90-8543-104-6
NUR 283
AVI-6

Ontwerp omslag: blauwblauw-design|bno
Illustraties omslag en binnenwerk: ivan & ilia
Opmaak binnenwerk: Gerard de Groot

Uitgeverij Columbus is onderdeel van Uitgeversgroep Jongbloed te Heerenveen

www.jongbloed.com
www.corienoranje.nl

Inhoud

Beste ouders

Goed nieuws!
Er is een nieuwe juf op school!
Juf Kelly heeft tien jaar
in Amerika gewerkt.
Juf Kelly kreeg vorig jaar
de prijs:
'Beste Juf van Amerika'.

Juf Kelly wordt de juf van groep 5.

Directeur
Piet Vreede

1. Oppas

'Doe jij even open, Mees?' roept mama. 'Ik ben een spin kwijt.'

Mees dendert de trap af. Hij trekt de voordeur open. Daar staat opa.

'Hallo Mees', zegt hij. 'Is de baan nog vrij?'

'Huh?' zegt Mees.

Opa haalt een stuk krant uit zijn jaszak.

> Gezocht:
> Aardige betrouwbare
> huishoudster/oppas.
> Moet kunnen koken
> en schoonmaken
> en verhalen vertellen.

Mama komt naar beneden. Ze heeft een spin in haar hand.

'Hé, pa!' roept ze. 'Wat doe jij hier?'

'Ik zoek een baan', zegt opa.

'Wat?' zegt mama.

Opa zwaait met de krant.

'Maar pa!' zegt mama. Ze stopt de spin in een potje. 'Ik kan jou toch niet inhuren?'

'Waarom niet?' zegt opa. Hij telt op zijn vingers.

'Ik ben aardig.

Ik ben betrouwbaar.

Ik kan oppassen.

Ik kan koken.

Ik kan verhalen vertellen.

Ik ben gewoon de ideale oppas. En huishoudster. En kok.'

'Jaaa!' roept Mees.

'Wacht even', zegt mama. 'Koken? Wanneer heb jij voor het laatst gekookt?'

'Vanmorgen nog', zegt opa.

'Water zeker', zegt mama. 'Voor de thee.'

Opa knikt. 'En het was prima thee. Dat kan ik je zeggen.'

'Wat kook je nog meer?' vraagt mama. Ze kijkt opa streng aan.

Opa denkt even na. 'Ik kan een heel aardig ei bakken.

En soep maken. Dat kan ik ook. Kuppesoep.'

'Kippensoep?' zegt mama.

'Ja, of tomaat. Kuppesoep is er in alle smaken.'

'Zie je wel!' zegt Mees. 'Opa kan koken. En anders help ik hem wel. Kom op, mam. Laten we opa nemen.'

'Het is voor vier weken', zegt mama. 'Weet je dat?'

Opa legt zijn hand op zijn hart. 'Ik weet het.'

'Je moet hier elke dag om zes uur zijn. Dan gaat Daan de deur uit. Ik wil niet dat Mees alleen is.

Zes uur, pa. Dat is héél vroeg.'

Opa krabt zich achter zijn oor. 'Ik eh ... ik zou natuurlijk ...'

'Je zou wat?'

'Ik zóú hier kunnen komen wonen.'

'Jaaaa!' roept Mees blij.

'Hier komen wonen?' zegt mama.

'Tijdelijk', zegt opa snel. 'Niet voor altijd. Tot je terug bent. En je hoeft me niet te betalen. Eten en onderdak. Dat is alles wat ik vraag.'

Mama kijkt naar Mees. Mees kijkt naar mama. *Ja?* zeggen zijn ogen. *Ja? Alsjeblieft?*

'Goed', zegt mama eindelijk. 'Graag, pa. Als je dat zou willen doen. Het zou een hele zorg minder zijn.

Je weet hoe druk Daan het heeft. Hij is altijd aan het werk. En hij komt pas laat thuis.

Daarom zocht ik een huishoudster. Een goeie. Maar dat valt nog niet mee.

De ene kan niet koken.

De andere kan niet schoonmaken.

De derde kan geen verhalen vertellen.

Ik dacht dat het nooit zou lukken. Morgen moet ik al weg.'

'Geen probleem', zegt opa.

'Ik ga gelijk mijn koffer halen.'

Het is avond. Mama heeft spaghetti gekookt. Ze zitten met z'n vieren aan tafel.

'Zo Mees', zegt opa. 'Maandag weer naar school, hè?'

Mees knikt met volle mond. Maandag weer naar school. Na zes weken vakantie.

'En, ga je een beetje je best doen?'

'Mees doet altijd zijn best', zegt papa. Hij neemt een hap spaghetti. 'Mees is de braafste.'

'Gelukkig wel', zegt mama. 'Een voorbeeld voor de klas. Dat zei de juf van groep vier.'

'Zo is het', zegt papa. 'Zie je die zilveren beker daar? Die heeft hij gewonnen. Braafste kind van de school.'

'Maar je haalt toch ook wel eens kattenkwaad uit?' zegt opa.

'Dat deed ik vroeger, weet je. Tjonge, ik heb me wat kattenkwaad uitgehaald.'

'Denk erom, pa', zegt mama. 'Breng hem niet op slechte ideeën.' Ze slaat een arm om Mees heen. 'Mees is mijn brave kind. En dat wil ik graag zo houden.'

Opa geeft Mees een knipoog. 'Wacht maar tot ze weg is', fluistert hij.

'Wát zei je?' zegt mama achterdochtig.

'Niks', zegt opa snel. 'Helemaal niks.

Vertel nog eens over die spin. Die spin die je gaat zoeken.'

Mama schiet overeind. Haar ogen glimmen. 'De blauwknie-vogelspin. Hij leeft alleen in Mexico.'

'Hij heeft harige poten', vertelt Mees. 'En wel twaalf ogen. En grote giftanden.'

'En blauwe knieën natuurlijk', zegt papa.

'Precies', zegt mama. 'Dat maakt hem zo bijzonder.'

'Is hij gevaarlijk?' vraagt opa.

'Zeker', zegt mama. 'Maar ik ben niet bang.'

'En wat ga je doen als je hem vindt? Doodspuiten?'

'Pa!' zegt mama verontwaardigd. 'Natuurlijk niet! Een spin dood-spuiten! Hoe kom je erbij!

Ik ga hem be-stu-de-ren, pa! Ik ga kijken hoe hij leeft! Hoe hij loopt! Hoe hij zijn prooi verslindt!'

'Ze wil professor worden', zegt papa. 'Professor in de spinnen-kunde.'

Opa geeft Mees een klap op zijn schouder. 'Je hebt een stoere moeder, jongen. En ze is nog slim ook.'

Mees zuigt een spaghettisliert naar binnen. 'Weet ik.'

2. Kleerhanger

'Ik pakte een kleerhanger', zegt opa. 'Het enige wapen dat ik kon vinden. En ik sloop naar beneden.'

'En toen?' vraagt Mees.

'Het was pikkedonker', gaat opa verder. 'En ik hoorde niks. Alleen het tikken van de klok. Maar ik wist dat er iemand was. Ik voelde het. De haartjes op mijn armen stonden rechtovereind.'

'Zoals bij een kat', zegt Mees.

'Een kat? Ha! Zoals bij een tijger. Een leeuw! Ik keek links. Ik keek rechts. Ik zocht achter de jassen. Ik zocht onder de trap. Ik zocht in de kamer. Achter de bank. Onder de tafel. Al die donkere schaduwen, Mees. Maar er was niemand. Er was nog maar één plek over. De keuken. Dus daar sloop ik naartoe ...'

Mees rilt. Het is bijna te spannend.

'Ik deed héél zachtjes de deur open. En daar hoorde ik het.'

'Wat?' zegt Mees.

'Ik hoorde iemand ademen. Heel zachtjes. Kijk, zo.'

Opa ademt in en uit. Mees luistert scherp. Hij hoort bijna niks.

'Aha, dacht ik. Aha.

En ik eropaf, Mees. Met mijn kleerhanger in de aanslag.

Ik zag niks. Maar ik voelde dat er iemand zat. Ik zeg met mijn zwaarste stem: "Kom tevoorschijn! Met je handen op je hoofd."

Maar niks, hè. Helemaal niks.

En ik zeg weer: "Kom tevoorschijn. Met je handen op je hoofd. Ik ben gewapend."

Nog steeds niks.

"Oké," zeg ik, "ik heb je gewaarschuwd." Ik til mijn kleerhanger op. Ik haal uit. En ik ...'

Boinggg.

De klok in de kamer slaat één keer. Mees en opa kijken elkaar verschrikt aan.

'Halfnegen!' zegt opa.

'Ik ben te laat!' roept Mees.

'Geeft niks', zegt opa.

'Geeft wel! De eerste schooldag!' Mees grijpt naar zijn hoofd. 'O neeee!'

'Rustig maar.' Opa stapt in zijn sloffen. 'Ik breng je wel even.'

Mees pakt zijn rugzak. Hij rent naar buiten. Ongeduldig kijkt hij achterom. 'Opa! Opa! Kom nou!'

'Zo, Mees', zegt de buurvrouw. Ze stapt van haar fiets. Het zitje is leeg. 'Ben je niet een beetje laat?'

'Helemaal niet', zegt Mees. Hij wipt op en neer. Van zijn ene op zijn andere voet.

Het suist in zijn hoofd. *Te laat. Te laat. Te laat.*

Waar blijft opa nou? Dit duurt te lang. Veel te lang. Mees kijkt nog één keer naar de deur. Hij haalt diep adem. En dan begint hij te rennen. De straat uit. De brug over. Langs de gracht. Zijn rugzak hotst tegen zijn rug.

Wat zal juf zeggen? Zal ze boos zijn?

Een auto remt. Vlak naast Mees. Mees kijkt opzij.

'Stap in!' roept opa.

Mees rukt de deur open. Hij springt naar binnen. Snel doet hij zijn riem om. De auto schiet vooruit.

'Maak je geen zorgen', zegt opa. 'Ik leg het wel uit.'

De fietsenstalling is vol. Het schoolplein is leeg. De gangen zijn verlaten. Er hangen alleen jassen. De school ruikt vreemd en vertrouwd tegelijk.

Mees trekt opa door de gangen.

'Niet zo snel', puft opa. 'Ik ben geen twintig meer.'

'Sneller, opa. Sneller!'

'Dit – hijg – is niet – hijg – goed voor – hijg hijg – m'n – hijg – hart.'

'We zijn er bijna! Dáár is het.'

'Hijg. Hijg. Hijg.'

De deur van groep vijf ziet er dicht uit. Heel dicht. Voor de ramen hangen gordijnen.

Opa staat gebogen over de kapstokken.

'Opa!' sist Mees. 'Kom op!'

Opa gaat rechtop staan. Hij haalt nog één keer diep adem. Dan klopt hij op de deur.

Tiktik.

TIK. TIK.

BAM!

'Niet zo hard, opa', fluistert Mees. 'Je hoeft niet te bonzen.'

De deur gaat open. Daar staat de nieuwe juf.

Een stevige juf is het. Met blauwe ogen en kort blond piekhaar. Met dikke benen in zwarte laarzen.

Ze trekt haar wenkbrauwen op. 'Ja?' zegt ze.

3. Regels

Opa stapt de klas binnen. 'Goeiemorgen, schone dame', zegt hij. Hij maakt een diepe buiging. 'Daar zijn we dan. Een paar minuutjes te laat. Maar beter laat dan nooit.'

Er klinkt gelach. Gefluister. De juf kucht. Meteen is het stil. 'En u bent?'

'Karel', zegt opa. 'Karel Modderman. En dit is mijn kleinzoon Mees.' Hij steekt zijn hand uit. 'En u bent?'

'Juf Kelly', zegt de juf.

'Kelly Frikadelly!' roept een jongen.

Mees kijkt de klas in. Daar zit Luuk. Zijn lawaaivriend. Met het springhaar. Met de benen die altijd struikelen. En de armen die alles omvergooien.

Mees glimlacht. Heel voorzichtig steekt hij zijn vingers op. 'Hoi Luuk', fluistert hij.

Luuk houdt niet van fluisteren. 'Hierheen, Mees!' roept hij hard. 'Hier! Kijk! Naast mij is nog een stoel!'

Mees kijkt naar juf Kelly. Die knikt.

Snel loopt Mees naar zijn stoel. Luuk springt op. Hij omhelst Mees uit alle macht. 'Hé, Mees! Mezebees. Lang niet gezien!'

'Gisteren nog', puft Mees. Hij kan bijna geen adem meer krijgen.

'Eh ... Luuk?' zegt juf. 'Mees? Gaan jullie even zitten?'

'Dag Mees!' roept opa. 'Ik zie je vanmiddag.' Hij zwaait en verdwijnt dan uit de klas.

Mees wringt zich los uit Luuks armen. Hij gaat snel op zijn stoel zitten. Zo recht als hij kan. Hij doet zelfs zijn armen over elkaar.

Beng! Boing! Kletter!

'Au! Rotstoel!'

Daar ligt Luuk. Naast zijn stoel.

Juf Kelly tuit haar mond. 'Oeps. Dat ging even mis.'

'Sorry, juf.' Luuk springt snel op. Hij pakt zijn stoel. Hij zet hem overeind. Bijna valt hij weer.

'Zo', zegt juf Kelly. 'Iedereen is er? Iedereen zit op zijn stoel? Dan kunnen we beginnen.

Dit wordt een belangrijk jaar. Een jaar van hard werken. We gaan de tafels leren. We gaan moeilijke boeken lezen. Jullie krijgen elke dag huiswerk mee. Maar we zullen ook veel plezier hebben. Ik houd wel van een grapje.'

'Ik ook, juf!' roept Luuk. 'Zal ik een mop vertellen? Er lopen twee Belgen in de –'

'Niet nu, Luuk.'

'Maar juf, je zei net ...'

Juf Kelly trekt haar wenkbrauwen op.

'Oké, oké', zegt Luuk.

'Goed, waar was ik?' zegt juf Kelly. 'Het wordt een leuk jaar. Daar gaan we ons best voor doen. Ja?'

'JAAA!' roept iedereen.

Iedereen, behalve Luuk.

Juf Kelly steekt haar wijsvinger op. 'Maar ... er zijn ook regels.'

Mees knikt. Natuurlijk zijn er regels.

'Pfff', mompelt Luuk. 'Regels.'

Juf trekt het bord open. Daar staan de regels.

1. *Niet kletsen*
2. *Niet afkijken*

3. Niet pesten

4. Niet praten voor je beurt

5. Niet van je stoel af

6. Niet slordig werken

7. Niet schelden

Juf Kelly pakt een krijtje. Langzaam en precies schrijft ze op het bord:

8. Niet te laat komen!!

Dan draait ze zich om naar de klas.
'Heel gewone regels dus', zegt ze. 'Die ik heb bedacht. Om het gezellig te houden. En weet je wat nou zo leuk is?'
Mees schudt zijn hoofd. Hij weet niet wat er nou zo leuk is.
Juf Kelly slaat haar handen in elkaar. 'Wie zich aan de regels houdt,' zegt ze langzaam, '... krijgt een beloning!'
Ze pakt een groen kaartje van haar tafel. Een groen kaartje met zwarte letters. Ze houdt het op.
'Kijk! De *goedzo*kaart! Is dat niet leuk? Die krijg je elke vrijdag mee naar huis. Als je je aan de regels hebt gehouden, natuurlijk.'
'En als je je niet aan de regels hebt gehouden?' vraagt Luuk. 'Per ongeluk bijvoorbeeld?'
'Daar komen we zo op', zegt juf Kelly. Ze kijkt Luuk streng aan.
Maar dan glimlacht ze ineens weer naar de klas.
'En heb je tien *goedzo*kaarten? Dan krijg je een diploma. Een *goedzo*diploma. Met mijn handtekening erop. En je krijgt nog meer ...'
Juf Kelly wrijft in haar handen. Ze kijkt geheimzinnig de klas rond.

'Zal ik het maar vertellen?'

Mees knikt. Hij durft niks te zeggen. Hij denkt aan Regel 1. *Niet kletsen.*

'Als je tien goedzokaarten hebt, hoef je geen brood mee te nemen van huis. Want dan krijg je in de pauze ... PIZZA!

Pizza! Zo veel je maar wilt!

Nou. Wat dachten jullie daarvan?'

Een zacht gemompel stijgt op in de klas.

'Wow!'

'Cool.'

'Lekker!'

Mees kijkt naar Luuk. Wat zou die ervan vinden?

Luuk zit onderuitgezakt in zijn stoel. 'Pff. Pizza.'

4. Maatregelen

'Jullie doen natuurlijk allemaal je best', zegt juf Kelly. 'Dat weet ik wel. Maar soms gaat het mis. Oeps!' Juf slaat haar hand tegen haar mond. Ze kijkt geschrokken.

'Je roept iets door de klas. Je komt te laat. Je ...'

'... scheldt iemand uit', roept Luuk enthousiast. 'Bijvoorbeeld voor ...'

Mees geeft hem snel een schop. 'Stil nou!' fluistert hij.

'... oelepoeper', zegt Luuk zachtjes.

Mees rolt met zijn ogen. *Luuk! Stop nou! Straks hoort juf het nog!*

Juf pakt een gele kaart van tafel. Ze houdt hem op. 'En daarvoor hebben we de gele kaart. Net als bij voetbal. Ik noem het de *oeps*kaart.

Je krijgt hem als je een regel vergeet. De oepskaart neem je mee naar huis. Je laat hem aan je vader en moeder zien. Die moeten hun handtekening erop zetten. En er met jou over praten. Wat ging er mis? Wat heb ik fout gedaan? Hoe moet het de volgende keer?'

Mees gaat voorzichtig verzitten. Hij krijgt het er warm van. Help. Al die regels. Hij wil geen oepskaart. Echt niet.

Het lijkt wel of juf zijn gedachten kan lezen. 'Maak je geen zorgen', zegt ze. 'Het is niet erg om eens een oepskaart te krijgen. Een oepskaart is geen straf. Het is alleen een waarschuwing. Oeps! Foutje! Dat doe ik de volgende keer niet weer!'

Luuk steekt zijn vinger op.

'Luuk?'

'Wat krijg je als je tien oepskaarten hebt? Krijg je dan ook pizza?'
Juf draait een ander stuk van het bord om. Daar staat het antwoord.

2 oepskaarten: een rode kaart
3 oepskaarten: niet naar buiten in de pauze
5 oepskaarten: naar de directeur
10 oepskaarten: zeer strenge maatregelen

Luuk tuurt naar het bord. Hij woelt door zijn haar. Dat stond al alle kanten op. Maar nu is het nog erger. Hij lijkt wel een vogelverschrikker. Hij trekt Mees aan zijn arm.
'Wat zijn maatregelen?' fluistert hij.
Mees haalt zijn schouders op. Hij durft niets te zeggen. Stel je voor dat hij een oepskaart krijgt. Luuk gebaart naar hem. Hij doet net of hij schrijft.
Mees kijkt even naar het bord. Er staat niets over briefjes schrijven. Snel scheurt hij een hoekje van zijn nieuwe kladblok. En hij schrijft:

maat regelen is als
je straf krijgt
zo als bvorbilt
dat je in een ton
met wormen word
gestopt

'Mees?'

Er gaat een schok door Mees heen. Juf Kelly staat achter hem. 'Mag ik dat briefje even zien?' vraagt ze.

Mees slikt. 'Eh ...'

'Het is geheim', zegt Luuk snel. 'Hè, Mees? Het is een geheime boodschap. Voor mij.'

'Hier met dat briefje', zegt juf streng. 'We hebben geen geheimen in deze klas. Dat is ook een regel. Die moet ik nog even opschrijven.'

Mees zucht. Hij wil het briefje al geven. Maar Luuk grist het net op tijd weg. Hij propt het in zijn mond. Hij begint snel te kauwen. Zijn hoofd wordt rood. Zo hard kauwt hij.

'Uitspugen', zegt juf streng. Ze steekt haar hand uit.

Luuk slikt met dichtgeknepen ogen. En dan steekt hij zijn tong uit. Zijn mond is leeg.

'Wow!' zegt Jeroen vol ontzag. 'Luuk heb papier gegeten!'

'Nu word je ziek!' roept Lisa.

'Echt niet', snuift Luuk. 'Ik ben een spion. Mees ook. Wij zijn het gewend. Hè, Mees? Wij eten altijd briefjes op.'

Juf Kelly doet haar armen over elkaar. Ze trekt haar neus op. Haar mond wordt klein.

'Jullie hebben geluk', zegt ze dan. 'Erg veel geluk. Vandaag geef ik nog geen oepskaarten. Dat had ik afgesproken met mezelf. Geen oepskaarten de eerste dag.

Maar morgen ...'

Meer regels
  9. Geen geheimen
  10. Geen briefjes schrijven
  11. Geen briefjes eten

5. Daantje Durfal

'En?' zegt papa.
'Hoe was de eerste dag op school?'
'Gevaarlijk', zegt Mees.
'Ik had bijna een oepskaart.'
Papa fronst. 'Een wát?'
'Een oepskaart.'
'Een oepskaart? Daar heb ik nog nooit van gehoord.'
'Hij bedoelt zeker een poepskaart!' roept opa vanuit de keuken.
'Is dat het, Mees? Heb je een ongelukje gehad?'
'Nee!' zegt Mees boos. Wat denkt opa wel. 'Natuurlijk niet.'
'Wat is het dan?' vraagt papa. 'Bedoel je een snoepkaart? Een soepkaart?'
'Nee. Een *oeps*kaart. Dat is een waarschuwing. Als je iets fout hebt gedaan. Net als bij voetbal, snap je? Dat je een gele kaart krijgt.'
'O nee', zegt papa. 'Heb je de juf getackeld? Gelijk, de eerste dag al? Hoe heb ik je nou opgevoed?'
Mees grinnikt. 'Nee. Ik had een briefje geschreven.'
'En daar krijg je een gele kaart voor?' Papa krabt aan zijn kin. Hij kijkt nadenkend. 'Dat is vreemd. Wat is er mis met briefjes schrijven? Of eh ... had je soms een raar briefje geschreven?'
'Met vieze woorden?' roept opa.
'Nee. Een heel gewoon briefje.'
'Wat voor briefje dan?' vraagt papa.
'Nou, er was een woord. Een moeilijk woord. Nou ja, ik vond het niet moeilijk. Maar Luuk wel. En dus moest ik het uitleggen.

Maar we mogen niet praten. Dus ik schreef het op een briefje. Wat het betekende.'

Papa steekt zijn duim op. 'Slim.'

'Niet slim', zegt Mees. 'Want briefjes schrijven mag niet. Dat is regel tien. En Luuk at het briefje op. En dat mocht ook niet. Regel elf.'

Papa klakt met zijn tong. 'Tjonge jonge. Er mag niet veel bij jullie.'

'De juf komt uit Amerika', zegt Mees.

'Aha', zegt papa. 'Vandaar.'

'Weet je, Mees', zegt papa onder het eten.

Mees kijkt op van zijn kuppesoep. 'Wat?'

'Ik zou het niet erg vinden, hoor.'

'Wat niet?' vraagt Mees.

'Als je eens een oepskaart kreeg. Ik zou trots zijn.'

'Echt?' zegt Mees. Hij laat zijn beker zakken.

'Echt', zegt papa. 'Ik zou denken: dat is nou mijn zoon. Kijk, braaf is goed. Maar al te braaf hoeft nou ook weer niet. Als je wist wat ík vroeger allemaal deed ...'

'Ik kan er nog kwaad om worden', zegt opa.

'Wat deed je dan?' vraagt Mees.

'Mijn naam op de auto schrijven', zegt papa trots.

'Met een zakmes!' zegt opa. Hij slaat met zijn vuist op tafel. 'Op de nieuwe auto.'

'En toen?' vraagt Mees. 'Kreeg papa straf?'

'Vreselijke straf', zegt opa. Zijn ogen glimmen.

'Je vader kreeg een week huisarrest. En hij moest alle klusjes doen. Aardappels schillen. Afwassen. Stofzuigen.'

'Vuurtje maken en dan uitplassen', gaat papa dromerig verder.
'Met vriendjes natuurlijk.'
'Levensgevaarlijk', zegt opa. 'Een maand huisarrest.'
'In een lantaarnpaal klimmen', zegt papa.
'Streng verboden. Twee weken huisarrest.'
'Belletje trekken bij de burgemeester.'
'Drie dagen huisarrest.'
'Tjonge', zegt Mees.
'Ha!' schept opa op. 'Dat is nog niks. Had je míj moeten zien.
Vroeger. Echt vroeger, hè. Toen ik zo oud was als jij. Weet je wat ik
deed?'
'Nee', zegt Mees.
'Ik reed een jongen in de sloot. Met mijn fiets.'
'Zo hee', zegt Mees.
Papa schudt zijn hoofd. 'Per ongeluk, pa. Dat deed je per ongeluk.
Dat heb je altijd tegen mij gezegd. Je botste tegen hem op. Omdat
je niet uitkeek. Je zat te dromen.'
'Maar ik deed het toch maar mooi', zegt opa. 'En die keer dat ik
dat ruitje ingooide. Met de bal.
En heb ik verteld van die slager? Dat ik naar binnen stapte en zei:
"Slager, hebt u ook varkenspootjes?" En de slager zei: "Ja." En ik
zei: "O, dat zal wel moeilijk lopen, dan."
Opa grinnikt. 'Ja, jongen. Ik was me er eentje. Karel Kattenkwaad
noemden ze me.'
'Mijn bijnaam was Daan de Durver', zegt papa. 'Dappere Daan.
Daantje Durfal.
Mees zucht. Karel Kattenkwaad. Daantje Durfal. Had híj maar
een bijnaam. Maar hij is gewoon Mees.
Saaie Mees.

Brave Mees.

Mees met het Mooiste Rapport van de Klas.

Miezige Mees die geen oepskaart wil.

Rapport van *Mees Modderman*

Lezen	o	o	o	o	●	+
Schrijven	o	o	o	o	●	+
Woordbegrip	o	o	o	o	●	+
Dictee	o	o	o	o	●	+
Rekenen	o	o	o	o	●	+
Computer	o	o	o	o	●	+
Gymnastiek	●	o	o	o	o	
Concentratie	o	o	o	o	●	+
Werkhouding	o	o	o	o	●	+
Werktempo	o	o	o	o	●	+
Gedrag	o	o	o	o	●	+
Contact met leerkracht	o	o	o	o	●	+

Ga zo door, Mees!
Je bent een voorbeeld voor de klas.

6. Geef je over!

Mees ligt in bed. Met zijn handen onder zijn hoofd. Was ik maar stoer, denkt hij.

Zoals opa. Die een ruitje ingooide.

Zoals papa. Die in een lantaarnpaal klom.

Zoals mama. Die in Mexico naar giftige spinnen zoekt.

Zoals Luuk. Die alles durft te zeggen.

Was ik maar stoer. Maar hoe doe je dat?

De deur gaat zachtjes open. 'Hé, Mees', fluistert opa. 'Slaap je al?'

Mees draait zich om. 'Nee.'

'Mooi zo', zegt opa. Hij gaat naast Mees op bed zitten.

'Ik was nog niet klaar met mijn verhaal.'

Mees trekt zijn dekbed op tot zijn kin. O ja. Het spannende verhaal.

'Waar was ik?' vraagt opa.

'In de keuken', zegt Mees.

'O ja. Ik was in de keuken. En het was donker, Mees. Ik zag geen hand voor ogen. Want het was midden in de nacht. En ik had alleen mijn kleerhanger maar.'

'Eng', zegt Mees.

'Nou en of', zegt opa. 'Maar ik was niet bang, natuurlijk. "Geef je over!" riep ik. "Handen omhoog of ik schiet!"

En het bleef helemaal stil, Mees. He-le-maal stil. Dus ik riep nog een keer: "Geef je over!"

Weer niks.

En toen sloeg ik, Mees. Ik sloeg. Zo hard ik kon. Met mijn kleerhanger.

En ik hoorde een gekrijs! Een gekríjs! Vreselijk. Door merg en been ging het. Ik verstijfde helemaal. Zo erg was het.'

Mees rilt. 'En toen?'

'Ik deed het licht aan. En wat zag ik?'

'Een bloedende dief?'

Opa schraapt zijn keel. 'Eh ... nee, dat niet. Ik zag een, eh ... een poes. Een dikke, grote poes. Die me woest aankeek.'

'Wat?' Mees schiet overeind. 'Dus je had een poes geslagen?'

'Nou ja', zegt opa. 'Dat nou ook weer niet. Hij was al weg-gesprongen. Maar als hij was blijven zitten ...'

'Dan had je hem geraakt.'

'Zeker weten', zegt opa. 'Dan was hij er geweest.'

'Tjonge', zegt Mees.

'Ja ja', zegt opa. 'Ik heb heel wat meegemaakt.'

Het is even stil. Dan zegt Mees: 'Opa?'

'Ja, jong?'

'Niks.'

Opa staat op. Hij aait Mees over zijn hoofd. 'Ga maar lekker slapen, Mezebees.'

De deur gaat dicht. Mees zucht.

Hoe word ik stoer, denkt hij.

Hoe word ik stoer?

'Mees! Mees!'

Mama's stem klinkt ver weg.

Mees luistert scherp.

'Meeeees! Kom nou!'

O nee. Mama zit in de problemen. Ze heeft hulp nodig. Mees bedenkt zich geen moment. Hij rent het slangenbos in. Hij springt over boomwortels. Hij waadt door beekjes. Hij slingert aan lianen. Het is schemerdonker. Vanachter de struiken loeren brandende ogen.

'Mees! Meeeeeees!'

Daar hangt mama. Midden in een groot spinnenweb. Ze probeert los te komen. Maar het lukt niet. Het web is te kleverig. Ze komt steeds vaster te zitten.

Een enorme spin komt langzaam op haar af. Een spin met acht blauwe knieën. Een spin met giftanden. En met twaalf gemene ogen.

Mees grijpt zijn kleerhanger. Hij stormt op het web af. En hij mept de spin tegen de grond. Mama valt uit het web. Ze kijkt Mees streng aan.

'Mees!' roept ze. 'Mees! Word wakker! Je moet naar school!'

'Wat?' Mees schrikt wakker. Hij knippert met zijn ogen.

'Wat een slaapkop ben jij', moppert opa. 'Ik heb je al tien keer geroepen. Kom je nou nog of niet?'

Mees slikt. 'Ik kom.'

Langzaam stapt hij uit bed. In de badkamer gooit hij koud water in zijn gezicht. Dat helpt. Gelukkig. Het was maar een droom.

Beneden schijnt de zon door de kamer. De tafel is gedekt. In de keuken spettert een ei.

Mees gaat achter de computer zitten. Hij schrijft een mailtje aan mama.

Letter voor letter. Woord voor woord. Zin voor zin.

Hallo mama
Kijk goed uit
Voor de blauwe knie
vogel spin
Hij is gevaarlijker
Dan je denkt.
Kusjes van
Je zoon
Mees

ik wou je alleen even
Waarschuwen

'Mees?' zegt opa. Hij komt de kamer binnen. 'Je ei is klaar.'
'Ik kom!' zegt Mees. Hij klikt op *verzenden*. Het mailtje vliegt weg.
Uit de computer. Door de lucht. Zo naar Mexico.
Sneller dan een vliegtuig. Sneller dan een raket. Het is er nu.
NU.
NU!
'Mees? Kom je? Je ei wordt koud.'

7. Laat me los!

Gelukkig. Ze zijn op tijd vandaag. Mees rent het schoolplein op. Daar is Luuk. Hij hangt ondersteboven in het klimrek.
'Hé, Mees!' roept hij. 'Kom je naast me hangen? Dan zijn we vleermuizen.'

Mees slaat zijn benen over de stang. Voorzichtig laat hij zich achterover zakken. Kinderen hollen ondersteboven rond. Hun voeten kleven tegen het plein. Diep, diep onder zich ziet Mees de lucht.

'Ik ben een vleermees', mompelt hij.

'Wat?' zegt Luuk. Hij schommelt heen en weer. Met zijn handen probeert hij de grond te raken.

'Dat ik een vleermees ben.'

'Een vleermuís', zegt Luuk.

'Nee, ik ben een vleermees. En jij bent een vleerluuk. Wij zijn de vleermensen.'

Luuk stopt met schommelen. Hij kijkt naar Mees. 'Hé, Mees. Je hoofd is rood.'

'Jouw hoofd ook', zegt Mees. 'Dat is ons bloed. Het bloed uit onze voeten. En uit onze benen. Het zit nou allemaal in ons hoofd. Zodat we beter kunnen nadenken. Merk je dat niet?'

'Nee', zegt Luuk.

'Ik wel', zegt Mees. 'Ik krijg goeie ideeën.'

Luuk begint weer te schommelen. 'Zoals wat dan?'

'Zoals dat ik een club ga oprichten.'

'Een spionnenclub?'

Mees gaat overeind zitten. 'Nee. Een stoerheidsclub.'

'Wát?' Luuk begint hard te lachen. Zo hard dat hij op de grond valt. 'Waaahaahaa! Woehoehoe! Een stoerheidsclub? Jíj?'

Mees zit al boven op hem. Hij duwt Luuks handen tegen de grond. Net zoals hij Luuk zo vaak heeft zien doen.

'Ja. En jij moet me helpen. Want jij bent al stoer.'

Luuk knikt. 'Dat is waar.'

'Jij durft alles.'

'Ja.'

'En ik niet.'

'Jij bent een beetje een oelepoeper', geeft Luuk toe.

Mees doet zijn armen over elkaar. Hij staart voor zich uit.

'Ik wil stoer worden, snap je. Net als mijn vader. En mijn opa. Mijn vader wil graag dat ik een oepskaart haal.'

'Mees? Luuk?'

Mees kijkt geschrokken achterom. Daar staat juf Kelly. Met haar handen in haar zij.

'We zijn toch niet aan het vechten? Hoop ik?'

'Nee juf', zegt Mees. Hij wil snel van Luuk af stappen.

Maar Luuk grijpt hem stevig vast.

'Wel, juf! Hij zit me helemaal in mekaar te slaan. En ik kan niks terugdoen.

Mees! Mees! Au! Laat me los! Geef hem een oepskaart, juf!'

'Ik doe niks!' protesteert Mees.

Juf Kelly schudt haar hoofd.

'Luuk. Laat Mees los.

Mees. Ga van Luuk af.'

'Oké.'

'Oké, júf', zegt juf Kelly.

'Oké juf.'

'Waarom deed je dat?' fluistert Mees, als juf weg is. 'Waarom deed je of ik je sloeg?'

Luuk grinnikt. Hij slaat het zand van zijn broek. 'Je wou toch een oepskaart?'

De bel gaat. Mees gaat snel in de rij staan. Op zijn vaste plek. Naast Jeroen.

'Les één', zegt Luuk. Hij trekt Mees aan zijn arm.

'Niet in de rij gaan staan.'

Er staan nieuwe regels op het bord.

> *12. Niet vechten op het plein*
> *13. Met twee woorden spreken*
> *14. Na de bel meteen in de rij staan*

'Ik wil jullie waarschuwen', zegt juf Kelly.

'Vandaag beginnen we met oepskaarten. Dus ...?'

Lisa's vinger schiet omhoog.

'Lisa?'

'Houd je aan de regels', zegt Lisa braaf. Ze doet snel haar armen weer over elkaar.

'Heel goed, Lisa', zegt juf Kelly.

'Juf? Juhuf!'

Luuk zwaait met zijn arm.

'Eérst je vinger opsteken, Luuk. Dan pas wat zeggen.'

'Ja, maar juf!'

'Zeg het maar, Luuk.'

'Mijn moeder vindt het onzin.'

Juf Kelly trekt haar wenkbrauwen op. 'Wat vindt jouw moeder onzin?'

'Oepskaarten.'

Mees slaat een hand tegen zijn hoofd.

Luuk! Dat zeg je toch niet!

'Zo', zegt juf Kelly. 'Vindt je moeder dat?'

'Ja. Dikke vette onzin, zei ze.'

Juf Kelly glimlacht. 'Tja. Het is ook iets nieuws. Dus je moeder snapt het misschien nog niet. Ik schrijf haar wel even een briefje. In Amerika bestaat het al jaren. En het is een groot succes. Geen enkel kind wil een oepskaart. Dus elk kind houdt zich aan de regels. Veel gezelliger. Voor de juf. Maar ook voor het kind. Ja toch?'

Luuk fladdert met zijn bovenarmen. 'Tóóóóóók tók tók!' fluistert hij.

'Wie tokt daar?' vraagt juf Kelly scherp.

'Ik, juf', zegt Luuk. 'Mocht dat niet? Het stond niet bij de regels.'

15. Niet tokken door de klas

Beste ouders

In groep 5 gebruiken wij de oepskaart.
De oepskaart komt uit Amerika.
U zult merken dat het werkt.
Elk kind wil <u>graag</u> gehoorzaam zijn.
De oepskaart helpt daarbij.

Hebt u nog vragen?
Wilt u de oepskaart ook thuis gebruiken?
(voor sommige kinderen zou
dat ZEER goed zijn).

Bel gerust.
Juf Kelly

8. Belletje beuken

Getik van de klok. Geritsel van de krant. Gesnurk van opa. En dan ineens een harde bons tegen het raam.

'Wat was dat?' zegt opa geschrokken. Hij schiet overeind. Zijn bril valt op de grond.

'Een bal', zegt Mees. Hij loopt naar het raam om te kijken.

Daar staat Luuk. Op de stoep. Hij heeft een lollie in zijn mond.

'Sorry!' roept hij. 'Iwwouwwum tuttebel sgoh.'

'WAT?' roept Mees. Hij doet het raam open. 'Wat wou je? Ik hoor het niet.'

Luuk haalt zijn lollie uit zijn mond. 'IK! WOU! HEM! TEGEN! DE! BEL! SCHOPPEN!'

'WAT? WAAROM DAN?'

'Waarom schreeuwen jullie zo?' vraagt opa.

Mees draait zich om. 'Om elkaar te kunnen verstaan.

Want Luuk is buiten. En ik ben binnen.'

'Het raam staat toch open?' zegt opa.

'Jawel', zegt Mees, 'Maar ik ben binnen.'

'Je zóú naar buiten kunnen gaan', zegt opa. Hij raapt zijn bril op.

'O ja. Goed idee. HÉ! LUUK! IK KOM!'

Snel rent Mees naar buiten. Luuk heeft de bal uit de tuin gehaald.

'Doe je mee?' vraagt hij.

'Voetballen?' zegt Mees.

'Nee. Bal tegen de bel schoppen. Dat is een nieuw spel. Heb ik zelf bedacht. Ik noem het belletje beuken. Kom op. Gaan we naar de buren.'

'Nee!' zegt Mees. Hij denkt snel na. 'Nee, wacht. Niet bij de buren. Dat is niet slim.'

'Waarom niet?' vraagt Luuk.

'Nou, die worden boos. Denk ik.'

Luuk rolt met zijn ogen. 'Duhuh. Natuurlijk worden ze boos. Dat hoort erbij. Zíj moeten boos worden. En wíj moeten wegrennen. Dat is het spel.'

'Ik weet niet', zegt Mees. Hij veegt met zijn voet over de grond. 'Je wou toch een stoerheidsclub?'

'Jawel. Maar, eh ... Ik denk dat hun baby slaapt.' '

'Bangeschijterd', zegt Luuk. 'Oelepoeper.'

Mees kijkt boos op. 'Ik ben geen bangeschijterd.'

'Wel.'

'Niet.'

'Welles.'

'Nietes.'

'Welles. Welles. Welles.'

'Nietes. Nietes. Nietes.'

Mees stampt op de grond. Stomme Luuk. Denkt dat hij niks durft, zeker. 'Oké', roept hij kwaad. 'We gaan belletje lellen.'

'Belletje beuken.'

Mees zucht. 'Belletje beuken.'

'Goed', zegt Luuk tevreden. 'Ik wist het heus wel. Dat je geen oelepoeper bent. Kom op. Schiet!'

Mees schudt zijn hoofd. 'Niet hier. We gaan naar een andere straat. Een straat waar niemand ons kent. Dat is extra spannend.'

'Naar de flats!' roept Luuk. 'Dat is leuk! Daar zijn heel veel bellen! Allemaal naast elkaar. Daar schiet je altijd raak.'

Mees knikt. Naar de flats. Dat is een goed idee. Daar komen

tenminste geen boze mensen naar buiten.

Samen met Luuk rent hij de straat uit. Het garageplein over. Langs de winkels. Naar de flats.

'Dus je schiet op de bel', zegt Luuk. 'En dan ren je weg. Snap je?'

Mees knikt. 'Ik snap het.'

'Ik doe het bij deze flat wel even voor.'

'Oké.'

Luuk legt de bal goed. Hij kijkt naar de rij met bellen. En dan schiet hij. Hij raakt tien bellen tegelijk. Heel even is het stil. Dan begint de luidspreker te praten. Met wel tien verschillende stemmen.

'Ja?' Een beverig oud stemmetje.

'Hallo?' Een zware mannenstem.

'Wie is daar?'

'Allo? Allo?'

'Dokter? Bent u het?'

'Hé! Wat is dit voor flauwekul!'

'Moet ik effe naar beneden komen?'

'Hallo, schat. Kom binnen.'

Luuk grinnikt. 'Hoor je dat?'

Mees trekt Luuk aan zijn mouw. 'Kom nou. We zouden weg-rennen.'

'Ja, straks. Maar dit is zo grappig. Al die mensen die denken dat we aanbellen. We doen het gewoon nog een keer. Nu jij. Oké?'

Mees slikt. 'Oké.'

Hij legt de bal neer. Zijn hart bonst in zijn keel. In zijn buik springt een stekelige kastanje rond. Misschien is hij wel ziek. Misschien kan hij maar beter naar huis gaan. Voor het te laat is.

'Komt er nog wat van?' vraagt Luuk.

Mees zucht. Hij klemt zijn lippen op elkaar. *Dit is stoer,* zegt hij tegen zichzelf. *Stoer en gevaarlijk. Ik doe iets stoers.*

Hij tuurt naar de bellen. Rijen zwarte knopjes op de witte muur. *Daan de Durver zal trots op me zijn.*

Mees knijpt zijn ogen halfdicht. En hij schiet, zo hard hij kan. Maar de bal zwaait af. Naar de deur van de flat. Net op het moment dat hij open gaat.

BAF!

Raak. Precies tegen de schouder van een oude man. De man wankelt. Hij doet een stap vooruit. Hij doet een stap achteruit. Hij probeert zich vast te grijpen aan de deur. Maar hij mist. En hij valt met een smak op de grond.

'Oeps ...' fluistert Luuk.

9. Ronaldo

Mees staat verstijfd. O, nee. Hij heeft iemand neergeknald. Dit is verschrikkelijk. Wat moet hij doen?

'Rennen!' zegt Luuk. En weg is hij.

De benen van Mees komen langzaam in beweging. Helemaal vanzelf. En helemaal de verkeerde kant op. Niet achter Luuk aan. Niet naar een veilige verstopplek. Maar naar de flat. Waar de oude man op de grond ligt.

Wat een pech. Wat een vreselijke pech. Zul je altijd zien. Ga je één keer in je leven belletje lellen – schiet je een man neer.

'Meneer', zegt Mees. Hij bijt op zijn lip. 'Meneer?'

De man heeft zijn ogen dicht. Zijn bril hangt scheef op zijn neus. Mees hurkt naast hem neer. 'Meneer? Hallo, meneer?'

'Meehees!' schreeuwt Luuk vanuit de verte. 'Kom nou!'

Mees komt overeind. 'NEE!' brult hij.

'Mot je zo schreeuwe?' moppert de oude man.

Verschrikt kijkt Mees naar beneden. De man heeft zijn ogen nu open. Blauwe ogen zijn het. Met boze rimpels ernaast.

'O! Sorry. Hoe gaat het?'

'Prima', zegt de man chagrijnig. 'Ken niet beter. Ben jij die leipo met die bal?'

'Eh ... ja.'

'Wat dacht je? Ha, een ouwe vent! Die schop ik maar effe omver?'

Mees slikt. 'Ik eh ... ik mikte op de bel.'

'Zo. Dan mag je wel es leren voetballen.'

'Ehm ... echt sorry.'

'Ja ja. Help me liever overend.'

De man steekt een hand uit. Mees pakt hem vast. Hij trekt uit alle macht. De man komt een eindje omhoog. Zijn gezicht vertrekt van pijn.

'Stop!' zegt hij. 'Stop maar. Het gaat niet.'

Voorzichtig laat Mees hem weer zakken.

'Ik heb wat gebroken. Het zal me heup wel zijn. Tjonge jonge. Dat heb ik weer.'

Mees bijt op zijn lip. *Luuk! Luuk! Waar blijf je nou? Kom nou, Luuk. Ik zit in de problemen!*

'Hé, Ronaldo!' zegt de oude man chagrijnig. 'Zou je niet eens even één-één-twee bellen?'

'Eh ... ik heb geen mobieltje.'

'Nou, da's lekker dan. Dan blijf ik hier wel leggen. Tot er iemand over me heen rijdt. Ach, ja, wat maakt het uit. Ik ben toch maar een oude man.'

'Ik ga hulp halen!' zegt Mees. Hij rent naar de bellen. Hij drukt ze allemaal in.

'Help! Help!' roept hij in de luidspreker.

'Er is iemand gewond! Kom gauw! Onder aan de flat!'

Dan rent hij terug naar de oude man. 'Ze komen zo. Uw vrienden.'

'Welke vrienden?' moppert de man. 'Ik heb geen vrienden.'

'Wat is er aan de hand?' Er komt een grote, kale man naar buiten. Zijn armen zijn beschilderd met draken en piraten. Zijn oren zitten vol ringetjes. 'Hé! Opa Boon. Wat doe jij hier?'

'Wat doe ik hier?' roept de oude man.

'Wat denk jij nou zelf, Bill? Wat denk je nou zelf? Ik leg hier effe

42

een dutje te doen! Mot je me storen?'

Bill hurkt neer. 'Je bent gevallen?'

'Gevallen? Ha! Onderuitgehaald! Door dat opdondertje hier.'

'Het was per ongeluk', zegt Mees zacht.

Bill draait zich half om. Hij bekijkt Mees van hoofd tot voeten. Langzaam schudt hij zijn hoofd. Hij klakt met zijn tong. 'Met jou reken ik zo wel af. Ik ga eerst een ambulance bellen.'

Opa Boon rolt met zijn ogen. 'Hèhè. Dat zou tijd worden. Ik leg hier dood te bloeie.'

Er komen meer mensen naar buiten. Een dikke dame met een hoofddoek. Een moeder met een baby. Een slordige man met een baard. Een meisje met een brommerhelm. Een jongen met een hond. Twee kleine zwarte meisjes met honderd vlechtjes. Het lijkt wel of de hele flat leegloopt.

En van de straat komen ook mensen. Een zwerver met een boodschappenwagentje. Een verliefd stelletje. Een meneer in een pak.

'Wat is er aan de hand?'

'Dat is toch die meneer van de zevende?'

'Opa Boon noemen ze hem.'

'Bent u onwel geworden, meneer?'

'Is-ie gevallen?'

'Oh o. Dat ziet er niet goed uit.'

'Het is dat afstapje, hè. Ik zeg het al jaren. Iedereen struikelt erover. Maar ja. Ze luisteren niet.'

'Heb d'r iemand een eurootje voor me?'

'Ik heb EHBO', zegt het meisje met de helm. Ze duwt iedereen aan de kant. 'Laat mij erbij. Hallo. Ik heb EHBO. Mag ik er even langs?'

Ze knielt neer naast de oude man. 'Meneer. Meneer. Hoe heet u?'

Opa Boon kijkt haar met stekende ogen aan. 'Ga ik jou aan je neus hange! Nieuwsgierig Aagje.'

'U moet zich niet bewegen, hoor. Misschien hebt u uw nek gebroken.'

'Zo. Nou. Jij moet zuster worden, zeg. Ik voel me eige ineens een stuk beter.'

'Chagrijnige ouwe vent', zegt het meisje boos. 'Zoek het zelf maar uit, dan.' Ze staat op en veegt haar knieën af. Dan springt ze op haar brommer. Ze scheurt de straat uit.

'Mooi', zegt opa Boon. 'Die zijn we kwijt. Bill! Waar blijft m'n ziekenauto?'

Ineens voelt Mees een hand op zijn schouder. Geschrokken kijkt hij achterom. Gelukkig. Het is Luuk.

'Waar bleef je nou, man?' fluistert Luuk. 'Je moet hier weg!'

'Ben je gek!' fluistert Mees terug. 'Ik kan niet weg. Ik moet helpen.'

'Wat een onzin. Zo meteen krijg je de schuld!'

'Maar het ÍS MIJN SCHULD!' roept Mees.

'Ssst!' sist Luuk.

Maar het is al te laat. Iedereen kijkt naar Mees.

10. Braafheidskampioen

Heel even is het stil.
En dan begint iedereen te praten.
'Wát zei die?'
'Het is zíjn schuld, zegt-ie.'
'Heb hij die ouwe man omgeduwd?'

Mees kijkt strak naar het rioolputje. Kon hij er maar in springen.
In het riool. Dat ze hem niet meer zien. Het riool komt toch uit in
zee? En de zee gaat naar Mexico.

'Hoor je dat? Hij heb 'm omgeduwd.'
'Sooo! Hij heb het expres gedaan.'

Mees slikt. 'Nietwaar!' wil hij roepen.
'Het was de schuld van de bal.
Ik wou alleen maar belletje beuken.'
Maar de woorden willen zijn mond niet uit. Ze blijven allemaal
hangen.

'Wat een rotjochie', zegt een oude dame.
'Een ettertje', knikt haar vriendin.
'Wou die ouwe man beroven, zeker.'
'Houd je tasje vast, Jo. Anders ben je het kwijt.'

Tètu tè tuu tè tuu ...

46

Een ziekenauto komt de hoek om. Het geluid wordt steeds harder.

TÈ TUU TÈ TUU TÈ TUUU UU Uuuuuuuuuuuuuuuu

De ziekenauto stopt vlak voor de flat. Twee mannen springen eruit. Dokters zijn het. Stoere dokters met gele jasjes aan. Ze rennen op de mensen af.

'Kom mee', fluistert Luuk.

Mees kijkt nog één keer naar opa Boon. Alleen zijn schoenen zijn maar te zien. Zo veel mensen staan om hem heen. Wat moet hij doen?

'Rennen!' zegt Luuk.

Hij grijpt Mees bij zijn hand. En Mees rent. De straat uit. Langs de winkels. Het garageplein over.

Pas als ze vlak bij huis zijn, durven ze te stoppen. In de straat van Mees is alles rustig. De zon schijnt alsof er niks is gebeurd. Het buurmeisje zit op de stoep te krijten. De overbuurman wast de auto. In de boom fluit een vogel.

Mees en Luuk gaan door de achterdeur naar binnen. Opa is aardappels aan het schillen. 'Hé, jongens. Lekker buiten gespeeld?'

Mees knikt.

'Beetje belletje gebeukt', zegt Luuk stoer.

'Wat is dat?' vraagt opa.

'Een soort belletje lellen. Maar dan met een bal.'

'Aha!' zegt opa tevreden. 'Dat klinkt als kattenkwaad. Heel goed, heel goed.

Over kattenkwaad gesproken. Heb ik wel eens verteld van die sloot? Vol met kroos zat-ie. Helemaal vol. Het leek net gras. Ik zei tegen m'n vriendje –'

TÈ TUU TÈ TUU TÈ TUUU UU UUUUuuuuuuuuuuuuuu

Een ziekenauto rijdt de straat door.

Mees kijkt naar Luuk. Luuk kijkt naar Mees. Hij knipoogt. Mees slaakt een diepe zucht.

'Hé!' zegt opa. 'Luisteren jullie wel?

Trouwens, Mees. Er is mail voor je.'

Lieve Mees
Mexico is fantastisch en
een heel avontuur.
Morgen ga ik de jungle in
om de blauwknievogelspin
te zoeken.

Ik stuur wel een foto.
Doe je goed je best op school?
Denk erom, hè!
Maak het de juf niet te moeilijk ;-)
Ik ben trots op je.
Veel kusjes van mama

11. Oeps!

Mees ligt in bed. Maar hij kan niet slapen. Wat moet ik doen? denkt hij steeds. Wat moet ik doen?

Hij draait zich om en om. Maar hij kan niet slapen. Beneden slaat de klok twaalf keer.

Het is mijn schuld. Die arme man.

Welnee. Ik kon er niks aan doen.

Ik duwde hem toch niet over! Ik voetbalde alleen maar.

Mees zucht. Hij gaat op zijn buik liggen. Zijn gezicht in het kussen. Het lijkt wel of er twee Mezen in zijn hoofd zitten. Een strenge en een bange. Samen maken ze hem helemaal gek.

'*Waarom ben je weggerend?*' vraagt strenge Mees.

'*Je had bij hem moeten blijven.*'

'*Ja, maar ik blééf bij hem*', zegt bange Mees.

'*Nietes. Je bent weggerend.*'

'*Pas toen de ziekenauto er was.*'

Mees stompt tegen zijn kussen. Hij zou strenge Mees wel uit zijn hoofd willen stompen.

'*Wat? Had ik soms mee moeten gaan naar het ziekenhuis?*

Alsof die vent dat wou.'

'*Je had het tegen papa moeten zeggen.*'

'*Papa was er niet.*'

'*Nou, tegen opa dan.*'

'*Dat durfde ik niet.*'

'Oelepoeper! Schijterd!
Lafaard. Bangerik.'
Mees trekt zijn kussen over zijn hoofd. Hij kreunt.
'Ik weet het. Ik weet het. Ik ben een bangeschijterd. Ik durfde gewoon
niet te blijven. Ik dacht –
Hé!
Ik heb ineens een idee.'
'Ik ook!'
'Morgenochtend.'
'Morgenochtend.'
'Dus we gaan nu gewoon slapen?'
'Ja.'
'Welterusten.'

De volgende morgen wordt Mees vroeg wakker. Hij pakt zijn
spaarpot uit de kast. Hij peutert de stop eruit. Het geld schudt hij
uit op bed. Een briefje van tien. Een briefje van vijf. En nog een
paar munten. Bij elkaar wel bijna achttien euro.
'Mees?' roept opa. Hij kijkt om de deur. 'Ben je al wakker?'
Snel trekt Mees zijn dekbed over zijn geld heen. 'Ja.'
Opa komt de kamer in. 'Wat ben je aan het doen?'
'O. Ik eh ... ik maak even mijn bed op.'
'Tjonge', zegt opa. Hij schudt zijn hoofd. 'Wat een keurig kind. Zo
had ik ze vroeger niet. Hé. Mees.'
Mees kijkt om. 'Ja?'
'Zin in kuppesoep? Kippenkuppesoep?'
'Eh ... nee.'
'Koeienkuppesoep?'
'Nee.'

'Een ei dan? Een lekker ei met spek? En worstjes? Je moet de dag goed beginnen, hoor. Een goed ontbijt is belangrijk. Je bent in de groei.'

'Oké', zegt Mees. 'Doe dan maar een ei.'

Mees sluipt door de gang. Hij pakt zijn jas van de haak.

'Hé, Mees', zegt opa verbaasd. 'Wou je nu al naar school? Jij bent wel héél ijverig vandaag. Wacht even. Dan haal ik mijn sleutels.'

Mees schudt zijn hoofd. 'Blijf jij maar lekker thuis, opa. Ik kan wel zelf. Ik ga gewoon op de fiets.'

'O, dat is prima. Dan gaan we toch fietsen.'

'Maar dat hoeft niet, opa. Ik weet de weg heus wel.'

Opa kijkt Mees schuin aan. 'Zeg Mees. Je schaamt je toch niet voor je ouwe opa?'

'Heus niet.'

'Anders moet je het zeggen, hoor. Als ik iets niet goed doe.'

'Je doet alles goed, opa. Echt waar. Helemaal prima.'

'Mooi', zegt opa. Hij doet zijn pantoffels uit. 'Waar heb ik mijn schoenen gelaten?'

'Tot ziens, Mees!' roept opa. 'Ik zie je vanmiddag.'

Mees knarst zijn tanden. Waarom moest opa hem ook naar school brengen! Hij had helemaal niet naar school willen gaan. Kan hij nog ontsnappen? Voor iemand hem ziet? Hij kijkt om zich heen.

'Hé, Mees', zegt Jeroen.

'Hoi Mees', zegt Lisa.

Daar komt Luuk aanrennen. 'Heeeeeee!' roept hij. 'Mees! Ouwe bellenbeuker!'

Hij slaat Mees op zijn schouders. 'En? Hoe is het met hem? Leeft ie nog?'

'Ssst!' fluistert Mees. 'Niet zo hard.'

'Hoezo niet? We moeten het juist aan iedereen vertellen. Als je nú geen oepskaart krijgt ...

Hé! Hé, iedereen! Weten jullie wat Mees gedaan heeft? Mees heeft gister –'

Mees grijpt Luuk stevig vast. Hij schudt hem door elkaar alsof hij een pak vla is. 'Hou je kop, man!'

'Wat?' vraagt Lisa nieuwsgierig.

'Wat is er?' Met grote ogen kijkt ze naar Mees. 'Wat heeft hij gedaan?'

'Niks', zegt Mees. 'Niks, hè, Luuk?'

'Jawel!' roept Luuk. 'Hij heeft belletje ge-'

Mees knijpt Luuks lippen op elkaar. Zo hard als hij kan.

'Mmmmm!' piept Luuk. 'MMMMM!'

'Mees?' De stem van juf Kelly.

Geschrokken draait Mees zich om.

Juf Kelly steekt haar hand in haar binnenzak.

Ze haalt een gele kaart tevoorschijn.

'Ik vind het heel jammer. Heel, heel jammer. Juist van jou, Mees. Dat had ik niet verwacht. Dat jij de eerste oepskaart zou krijgen.'

'Yo man!' roept Luuk. Hij slaat Mees op zijn schouder. 'Een oepskaart! Gefeliciteerd. Ga je nou trakteren?'

☹☹☹☹☹☹☹☹☹☹☹☹☹☹☹☹☹☹☹☹☹☹☹☹☹☹☹☹☹☹

Oepskaart

Jammer, jammer, jammer!
Mees Modderman heeft zich niet gehouden aan regel

1. *Niet kletsen*
2. *Niet afkijken*
3. *Niet pesten*
4. *Niet praten voor je beurt*
5. *Niet van je stoel af*
6. *Niet slordig werken*
7. *Niet schelden*
8. *Niet te laat komen*
9. *Geen geheimen*
10. *Geen briefjes schrijven*
11. *Geen briefjes eten*
⑫ *Niet vechten op het plein*
13. *Met twee woorden spreken*
14. *Na de bel meteen in de rij staan*
15. *Niet tokken in de klas*

Ik, *Mees Modderman* , beloof:
Dit zal niet weer gebeuren.

Handtekening kind
Handtekening vader/moeder

☹☹☹☹☹☹☹☹☹☹☹☹☹☹☹☹☹☹☹☹☹☹☹☹☹☹☹☹☹☹

12. Ziekenhuis

Mees kijkt naar de grond. In zijn hoofd maken de Mezen ruzie.

'*Denk na, denk na, denk na!*' roept strenge Mees.

'*Ik weet het niet!*' antwoordt bange Mees. Hij kan wel huilen.

'*Jawel, je weet het wel!*'

'*Waarom wou opa me ook naar school brengen?*

En waarom moest Luuk zo stom doen! Luuk is nooit meer mijn vriend.'

'*Denk na. Denk na. Denk na. De bel gaat zo.*'

'*Oké, oké. Ik denk na.*' Mees klemt zijn handen tegen zijn hoofd.

'*Oké. Dit is wat ik doe. Ik wacht tot de bel gaat. En dan glip ik naar het fietsenhok.*'

'*Slecht plan. Ze hebben je allemaal gezien.*'

'*Ik weet het. Maar ik doe het toch.*'

'Mees', zegt Luuk zacht. 'Meehees.' Hij raakt zachtjes Mees' arm aan.

'Wát?' zegt Mees kwaad.

'Sorry. Ik wou echt niet ...'

Mees draait de andere kant op. Hij wil niet praten.

'Weet je wat?' probeert Luuk.

'Ik ga ook een oepskaart halen. Ik val wel even van mijn stoel of zo. En dan maken we een speciale club. De oepsclub.

Alleen voor kinderen die een oepskaart hebben. Kinderen die geen watje zijn. Snap je?

En wie drie oepskaarten heeft, krijg een diploma. En een slag-

roomtaart. Vind je dat geen goed idee? Een slagroomtaart?
Mees. Meehees. Zeg nou wat.'
Luuk schudt aan Mees' schouder. Maar Mees antwoordt niet. Hij
kijkt naar de klok op de school. Nog vijftien seconden. Dan is het
halfnegen.
Nog zeven seconden. Nog vijf. Vier. Drie. Twee. Eén.

Triiiiiiiiiiing!

Iedereen rent naar de deur. Mees niet. Mees duikt het fietsenhok
in. Hij hurkt neer in een donker hoekje. Zijn hart bonst in zijn
keel.
Gehijg. Gepiep van remmen. Een jongen uit groep acht komt
aanrennen. Hij duwt zijn fiets in het rek. En weg is hij. Hij heeft
Mees niet eens gezien. Mees veegt het zweet van zijn voorhoofd.
Pfoe. Dat was op het nippertje.
Het plein is leeg. Nu moet hij snel zijn. Mees kijkt nog een keer
rond. En dan komt hij overeind. Hij trekt zijn fiets uit het rek. Hij
spurt het plein over. Het hek door. De stoep af. De straat op.
Hij durft niet om te kijken. Stel je voor dat er iemand achter hem
aan komt.
Rustig fietsen, rustig fietsen, Mees.
Alsof er niks aan de hand is.

Vijf over halfnegen. Nu zijn ze in de klas.
Nu ziet juf dat hij er niet is.
Zou ze meteen opa bellen? Misschien denkt ze dat hij op de wc is.
Of dat hij niet naar binnen durft. Dat hij zich te erg schaamt. Ze
vraagt het vast aan Luuk. 'Zeg Luuk, heb jij Mees gezien?'
'Mees? O ja, die heb ik gezien. Die rende naar het fietsenhok.'

Luuk flapt het er vast uit. Niet expres. Maar omdat hij zijn mond niet kan houden.

Mees slaat de hoek om. Vlak voor hem gaat een mevrouw een klein paadje in. Een paadje achter de huizen langs. Tussen de tuinen door. Mees bedenkt zich niet. Snel gaat hij achter haar aan. Hier is hij echt onzichtbaar. Hier kan niemand hem vinden.

Daar is het park al. Daar moet hij doorheen. En dan moet hij langs de singel.

Dat wordt lastig. In het park kan hij zich nog wel verstoppen. Maar op de singel niet. Daar kan iedereen hem zien.

'*Kom op, Mees. Net doen of het heel normaal is.*

Je gaat gewoon bij je opa op bezoek.'

'*Onder schooltijd zeker. In mijn eentje.*'

'*Omdat hij vreselijk ziek is. En je moeder zit in Mexico.*'

'*Ja hoor. Dat geloven ze vast wel.*'

'*Doe gewoon of je onzichtbaar bent. Niemand kan je zien.*'

Mees fietst zo hard hij kan. Hij fietst zo onzichtbaar mogelijk. En het helpt. Niemand houdt hem tegen. Niemand spreekt hem aan. Niemand kijkt naar hem. Daar is het ziekenhuis al.

Mees duikt onder de slagboom door. Hij slalomt langs de parkeerplaatsen. Bij de stalling springt hij van zijn fiets. Ineens hoort hij een stem.

'Dus dáár wou je heen.'

Mees draait zich met een ruk om. 'Luuk! Hoe kom jij hier?'

'Ik ben je gevolgd', zegt Luuk trots. Hij duwt zijn fiets in het rek.

'Wát?'

'Je hebt niks gemerkt, hè? Je hebt niks gemerkt! Ik ben zooo goed.' Luuk slaat zichzelf op de borst.

'Maar waarom?'

Luuk rolt met zijn ogen. 'Ik zei toch dat ik een oepskaart wou?'

'Spijbelen staat niet op de lijst', zegt Mees. Hij grinnikt.

'Te laat komen wel', zegt Luuk. 'Kom mee. Wou je die ouwe man bezoeken?'

'Ja.'

'Om sorry te zeggen, zeker.'

'Ja. En om te kijken hoe het gaat.'

Luuk schudt zijn hoofd. 'Het wordt niks met jou, Mees. He-le-maal niks. Je zult altijd even braaf blijven.'

Mees is zijn boosheid helemaal vergeten. Hij voelt zich bijna vrolijk. Samen met Luuk is spijbelen niet eng. Samen met Luuk is het een avontuur.

Ze gaan door de draaideur het ziekenhuis binnen. Mees loopt naar de balie.

'Goeiemorgen', zegt de mevrouw. 'Kan ik je helpen?'

Mees knikt. 'Ik zoek een oude man.'

'Naam?'

'Mees Modderman.'

De mevrouw begint snel te typen. 'Mees Mod-der-man', mompelt ze. Ze tuurt naar haar scherm. Ze krabt aan haar neus. 'Weet u zeker dat hij hier ligt?'

'Heel zeker', zegt Mees.

Luuk leunt over de balie. 'Kunt u kijken bij gebroken ruggen?'

'Heupen!' zegt Mees. 'Het was zijn heup.'

'Of nek', zegt Luuk. 'Dat kan ook.'

De mevrouw schudt haar hoofd. 'Sorry. Er ligt hier geen Modderman.'

'Duhuh!' zegt Luuk. 'Dat weten we ook wel.'

'Hij heet Boon', zegt Mees snel.

'Boon … Boon … Boon …' mompelt de mevrouw.

'Nee. Het spijt me zeer. We hebben hier geen Boon.'

13. Neus

'Wat wil je nou, man?' fluistert Luuk.
Mees wijst naar de trap. 'Gewoon. Zoeken. Hij moet hier ergens liggen.'
'Maar die mevrouw zei dat er ...'
'Snap je het niet? Boon is natuurlijk zijn voornaam. Of zijn bijnaam. Hij heet Van der Bonenstaak. En ze noemen hem Boon. Snap je? Daarom vond ze hem niet.'
'Ja hoor', moppert Luuk. 'Van der Bonenstaak. Vast wel.'
Mees stapt een klein winkeltje in. Een winkeltje met ballonnen en knuffels. Hij kiest een grote blauwe ballon uit. Vijf euro kost hij. Mees peutert een briefje van vijf uit zijn zak. Met de ballon stapt hij weer naar buiten.
Luuk grinnikt. 'Ga je die ballon geven?'
'Ja.'
'Dat is voor baby's, man.'
'Niet.'
'Wel.'
'Niet.'
'Wel. Kijk dan wat erop staat. *It's a boy.*
Het is een jongen, betekent dat.'
Mees haalt zijn schouders op. 'Nou en?'

Hij kan zichzelf wel voor de kop slaan. Maar dat hoeft Luuk niet te weten. Wat is hij stom zeg. Koopt-ie een babyballon voor een opa.
Nou ja. Een opa is ook een jongen.

Eigenlijk.

Hij loopt met Luuk de trap op. Op de eerste verdieping ruikt het naar babypoep. Uit alle kamers klinkt gehuil. Gebrul. Gekrijs.

Luuk houdt een verpleegster aan.

'Eh – mevrouw? Waar liggen de oude mensen?'

'Niet hier', zegt de verpleegster streng. 'En wat doen jullie op de afdeling? Het is nog lang geen bezoekuur. Gaan jullie maar snel weer naar beneden.'

'Wat nu?' vraagt Luuk.

'Ik weet niet', zegt Mees. Langzaam loopt hij de trap af. 'Of wacht eens ... Dat winkeltje.'

'Welk winkeltje?'

'Met ballonnen.'

'Wat wou je daar doen?'

Mees antwoordt niet. Snel gaat hij het winkeltje binnen. Daar liggen ze. In de kast. Rode clownsneuzen met elastiek. Hij pakt er twee.

'Vier euro', zegt de man achter de kassa.

Mees zucht. Hij haalt zijn briefje van tien tevoorschijn. Jammer van zijn verjaardagsgeld. Hij wilde er Lego van kopen. Geen neuzen. Maar het moet. Anders is alles voor niks geweest.

'Wat heb je?' vraagt Luuk.

Mees laat de neuzen zien. 'Kijk. We worden clowns.'

'Clowns?'

'Ja. Er zijn altijd clowns in het ziekenhuis. Om de zieke mensen te laten lachen, snap je? Clowns mogen overal naar binnen.'

Luuk grijnst. 'Goed idee! Superslim! En dan

kunnen ze ons ook niet herkennen. De politie en zo. Als ze achter ons aan zitten.'

'Sssst! Niet zo hard. Kom mee. Hier is een wc.'

'Hoe vind je dit?' zegt Luuk. Met een stift trekt hij een zwarte streep over zijn wang. 'Ik heb een litteken.'

Mees heeft net zijn neus opgezet. 'Wat doe je nou, man? We zijn clowns. Geen piraten.'

Luuk maakt kleine zijstreepjes op zijn litteken. 'Ik ben een clown die geopereerd is.'

'Om de hersens eruit te halen, zeker', zegt Mees hoofd-schuddend.

'Yep. Ik had er te veel. En ik wist dat jij ze nodig had. Hé! Ik heb een idee!'

Luuk duwt een wc-deur open en pakt een rol wc-papier. 'Houd je arm op.'

'Hoezo?'

'Ik doe er verband om. Je hebt hem gebroken.'

'Neehee.'

'Wel, man. Zo komen we helemaal overal binnen. We zijn clowns én we zijn gewond.'

Mees steekt zijn arm uit. Luuk wikkelt er wc-papier omheen.

Mees bekijkt zichzelf in de spiegel. Het ziet er best echt uit. Als je niet te goed kijkt.

'Kunnen we?' zegt Luuk. Hij zet zijn neus op.

Mees kijkt door een kiertje de hal in. 'We kunnen. Kom op!'

Samen lopen ze naar de trap. Pas nu ziet Mees het grote bord.

Ziekenhuis Zwanenzang
Verdieping
1: Babykunde
2: Hartkunde
3: Plaskunde
4: Kinderkunde
5: Oudemensenkunde

Bezoekuur:
3-4 uur 's middags
7-8 uur 's avonds

Daarbuiten GEEN bezoek.

'Dus we moeten naar de vijfde verdieping!' zegt Mees. 'Kom op!'
Luuk en Mees beginnen te klimmen.

na trap

na trap

na trap

trap

'Afdeling vier', hijgt Mees. Zijn neus kriebelt.
'Hè hè', puft Luuk. 'Nog maar één trap.'
'Eindelijk!' roept een zuster.
'Daar zijn ze! De clowns!'

14. Clown ontsnapt

'Oeps', fluistert Luuk.
'Nee hè', kreunt Mees.
'Wat grappig', lacht de zuster. 'Clowns verkleed als patiënten. Dat zullen de kinderen leuk vinden. Weet je wat? Ik speel mee. Ik haal even een bed. Dan rijd ik jullie de speelkamer binnen.'
'Goed idee', zegt Luuk stoer. 'Doet u dat vooral.'
De zuster loopt weg.
'Wegwezen!' fluistert Luuk. 'Naar boven. Kom op! Snel!'
Hij rent de trap al op. Mees rent achter hem aan. Maar ze hebben pech. Een groepje dokters komt net de trap af.
'Ho ho', zegt een van de dokters. Hij vangt Luuk op. 'Wat is dat?'
'Kind ontsnapt van de kinderafdeling', zegt een jonge dokter.
'Clown ontsnapt!' lacht een ander.
'Nee hè', mompelt Luuk.
'Hallo!' roept de zuster van beneden. 'Komen jullie? Het bed staat klaar! En iedereen zit op jullie te wachten.'
Langzaam sjokken Luuk en Mees de trap af.
'Slim idee, Mees', moppert Luuk zacht. 'Clownsneuzen.'
'Alsof jíj zulke goeie ideeën hebt', fluistert Mees boos terug.
'Stap maar in', zegt de zuster. 'En ga maar liggen. Ja, goed zo. Naast elkaar. Trek ik de deken over jullie heen. En dan komen jullie straks ineens tevoorschijn. Geef me die ballon maar. Die hang ik aan het bed. Goed?'
Mees knikt. Het is heel donker onder de deken. Hij ziet helemaal niks meer.

'Daar gaan we!' zegt de zuster vrolijk.

Het bed begint te schudden. De wielen piepen.

'Wat moeten we doen?' fluistert Mees.

'Ik verzin wel wat', fluistert Luuk.

'Zo', zegt de zuster. 'Goeiemorgen allemaal. Zijn we klaar voor de clowns?'

'Jaaa!' roepen de kinderen.

'Het is wel pech', zegt de zuster. 'Want ze zijn ziek vandaag. Maar ze zijn er wel. Tadaaa!'

Ineens is het licht. Mees knippert met zijn ogen. Hij ziet allemaal kinderen. Kinderen in rolstoelen. Kinderen in pyjama's. Kinderen met gips om hun been. Met slangetjes in hun neus. Met slangetjes in hun armen. Met verband om hun hoofd.

Luuk schiet overeind. 'Hallo allemaal!' roept hij. Hij zwaait. 'Is het hier een beetje leuk?'

'Jaaa!' roepen een paar kinderen.

'Neeee', roepen een stel anderen.

'Zijn de zusters aardig?'

'Jaa!'

'Neeeee!'

'Stóóóóm!'

'Ze geven prikken!' roept een jongetje.

'In je bil!' roept een ander.

'Oeps', zegt Luuk geschrokken. 'Wat zeg je nu? Dat kan niet, hè, Mees?'

'Absoluut niet', zegt Mees streng.

Hij stapt uit bed. 'Goed dat we hier zijn. Zijn alle zusters weg?'

Luuk gaat op het bed staan. Hij kijkt de hele kamer rond.

'Geen zusters te zien.'

'Mooi. Dan kunnen we beginnen. Wij zijn eigenlijk helemaal geen clowns.'

'Wat?' roept een jongen.

'Aaaaaah', zegt een klein meisje teleurgesteld. Ze stopt haar duim in haar mond.

'Waarom zien jullie er dan uit als clowns?' vraagt iemand.

'Wij hadden ons vermomd', zegt Mees. 'Want anders laten ze ons niet binnen. Wij zijn eigenlijk van de keuringsdienst van zusters. Wij kijken of de zusters aardig zijn.'

Mees kijkt stiekem even naar Luuk. Die steekt zijn duim op.

'En als ze niet aardig zijn?' vraagt een dik jongetje.

'Dan, eh ... dan krijgen ze een gele kaart.'

'Ja', zegt Luuk. 'Dat is een waarschuwing. Net als bij voetbal. Snappen jullie?'

De kinderen knikken.

'Oké', zegt Luuk. 'Wie heeft er klachten over de zuster? Wie wil er een gele kaart geven?'

'Ik!' zegt een meisje. 'Ik moet 's morgens pap eten. En ik lust geen pap.'

'Gele kaart!' roept Mees. Hij loopt naar de kast met tekenpapier. Hij haalt er een stapel gele blaadjes uit.

'Ik krijg elke dag wel tien prikken', zegt het dikke jongetje.

'Gele kaart!' roepen een paar kinderen.

'Ik moet veel te grote pillen', zucht een meisje. 'Het lijken wel pingpongballen. Ik kan ze bijna niet doorslikken.'

'GELE KAART!' roept iedereen.

'Mag ik een kaart voor de dokter?' vraagt een jongen in een rolstoel. 'Hij wil mijn been opnieuw breken.'

'GELE KAART!'

Mees schudt zijn hoofd. 'Daar geef je geen gele kaart voor. Dat is rood!' Hij steekt een rode kaart omhoog.

'ROOD, ROOD, ROOD!' roepen de kinderen. Ze klappen in hun handen. Ze slaan op de bedden. Ze stampen met hun gipsbeen.

'ROOD, ROOD, ROOD!'

De deur gaat open. Een zuster kijkt om de hoek. 'Wat is dat voor lawaai?'

'ROOD, ROOD, ROOD!'

De zuster schudt haar hoofd. 'Zeg, clowns? Kan ik jullie even spreken?'

Mees en Luuk kijken elkaar aan. Is er iets mis? Ze lopen mee naar de gang. Daar staan twee grote mensen. Grote mensen met rode neuzen. En rare haren. Clowns zijn het. Echte clowns.

'Oeps', zegt Mees.

'Wij gaan weer', zegt Luuk.

'Het was heel gezellig', zegt Mees.

'De groeten', zegt Luuk.

'Ho eens even!' zegt de zuster.

'Ja, wacht eens even', roepen de clowns.

'Blijf nou! Lekker leuk!'

15. De laatste kans

Luuk en Mees rennen de gang door, de trap op. Een sliert wc-papier wappert achter Mees aan.

Gelukkig. Er komt niemand achter hen aan. Geen clown. Geen zuster. Geen dokter. En niemand houdt hen tegen.

'Hè hè', hijgt Luuk, als ze boven zijn. 'Dat is gelukt.'

'Mijn ballon!' schrikt Mees. Hij slaat met zijn hand tegen zijn hoofd. 'O nee. Ik ben hem vergeten.'

'Je gaat hem niet halen, hoor. Echt niet. Ik sla je helemaal plat.'

'Heren!'

Mees kijkt verschrikt op. Daar staat een zuster. Ze heeft twee po's in haar handen. Po's met plas erin.

'U bent te vroeg. Het bezoekuur is nog niet begonnen.'

'Maar wij zijn de clowns', zegt Luuk snel. Hij maakt een diepe buiging.

'Ja', zegt Mees. 'Wij zijn de clowns.' Hij trekt aan Luuks neus en laat hem weer terugploppen.

'Au!' roept Luuk. 'Dat doet pijn, man! Zal ik het eens bij jou doen?'

Plop! De clownsneus schiet tegen Mees' gezicht aan.

'Au', zegt Mees boos. 'Waarom deed je dat man?' Hij geeft Luuk een stomp.

Luuk geeft Mees een stomp terug. 'Jij deed het toch ook?'

De zuster schudt haar hoofd. 'Jullie moeten op de kinderafdeling zijn. Dat is hieronder. Dit is de bejaardenafdeling.'

Mees gaat snel recht staan. 'Nee hoor. We moeten hier zijn. Ouwe mensen willen ook wel eens lachen.'

Luuk knikt. 'Precies! Ouwe mensen krijgen nooit een clown op bezoek.'

'En daar gaan wij wat aan doen.'

'Momentje', zegt de zuster. 'Ik ga overleggen.' Ze verdwijnt met de po's achter een deur.

'Zie ik het goed?' zegt een oude heer in ochtendjas. Hij schuifelt met zijn rollator dichterbij. 'Is dat een clown? Dat is lang geleden!'

'Klopt', zegt Luuk. 'Zal ik een kunstje voor u doen?'

'Dat zou leuk zijn. Het is hier zo'n saaie boel. Iedereen slaapt. En ik weet hoe het komt.'

'Hoe dan?' vraagt Luuk.

De oude man kijkt om zich heen. Dan fluistert hij: 'Ze spuiten slaapgas in de kamers. Om ons rustig te houden. Anders vinden ze ons te lastig.'

Luuks ogen worden groot. 'Zooo. Echt?'

'Zeker weten', zegt de oude man. Hij geeft Mees een knipoog.

'Die zusters zijn de hele dag taart aan het eten. Die kunnen geen lastige patiënten gebruiken.

Zeg, waar blijven die kunstjes?'

'O ja!' zegt Luuk. 'Kijk! Ik ga op mijn handen lopen!'

Luuk zet zijn handen op de grond en gooit zijn benen omhoog. Hij valt meteen weer om.

'En kijk! Radslag kan ik ook.'

Luuk doet een radslag en schopt bijna de rollator omver. De oude man kan hem nog net tegenhouden.

'Hm. Aardig. Maar kun je ook andere dingen? Schaken bij-voorbeeld?'

'Tuurlijk', zegt Luuk. 'Ben ik zelfs hartstikke goed in. Zal ik u even inmaken?'

De oude man grinnikt. 'Dat wil ik wel eens zien. Kom mee naar de koffiekamer. Daar staat een schaakbord.'

Mees wacht tot Luuk en de oude man weg zijn. Dan sluipt hij de gang in. Zijn hart dreunt in zijn oren. Zijn mond is droog. Nog even. Dan ziet hij hem.

Wat moet hij zeggen? Wat zeg je tegen iemand die je het ziekenhuis hebt ingeschopt?

Sorry, meneer Boon. Het spijt me echt vreselijk.

Of: *Kan ik iets doen om het goed te maken? Uw plantjes water geven? Uw auto wassen?*

Of: *Hier, u mag al mijn geld. Veertien euro. Ik had eigenlijk ook een ballon. Maar die ben ik verloren.*

Er zijn wel twintig deuren. Op elke deur staan namen. En achter elke deur liggen oude mensen.

Sommigen kijken televisie. Sommigen lezen. Maar de meesten slapen. Hun monden staan wijd open. Hun gebitten klapperen bij elke snurk.

Hoe verder Mees komt, hoe ongeruster hij wordt. Waar ligt opa Boon? Het lijkt wel of hij er niet is. Maar dit is de oude-mensen-afdeling. Hij móét hier liggen.

De laatste deur.

De laatste kamer.

De laatste kans.

Mees kijkt om de hoek. Er staan vier bedden in de kamer. Drie bedden zijn leeg. Maar in het bed bij het raam ligt iemand.

Aha. Dat moet hem zijn. Die man met die deken over zijn hoofd.

Op zijn tenen sluipt Mees naar binnen. Zijn maag voelt een beetje raar.

Voorzichtig trekt hij de deken een beetje opzij.

Hij ziet een grijs krulhoofd. Een oud dametje doet haar ogen open. Ze schiet overeind.

'Help!' gilt ze. 'Zuster! Heeeeelp! Een clown!'

'Oeps', zegt Mees.

16. De zevende verdieping

'Dus hij was er echt niet?' hijgt Luuk, als ze bij de fietsen-hokken staan. Hij wrijft met zijn mouw over zijn bezwete gezicht. Zijn littekens zijn een grote grijze vlek geworden.

Mees trekt het wc-papier van zijn arm. 'Nee. Hij was er echt niet.'

'Heb je overal gezocht?'

'Ja. Tot die zusters achter ons aan kwamen, natuurlijk.'

'Cool hè', zegt Luuk tevreden. 'Het is een spannende dag.'

'Ik snap het niet', zucht Mees. 'Waarom is hij er niet? Ze hebben hem toch naar hiernaartoe gebracht?'

'Misschien is hij dood.'

'Echt niet.'

'Ik zeg niet dat het zo is. Maar het kán.'

'Niet.'

'Wel. Hij was erg gewond.'

'Niet.'

Luuk stompt Mees tegen zijn arm. 'Stel je voor zeg. Dan kom je in de gevangenis. Mees doodt Boon, zetten ze dan in de krant. Cool man. Hoef je nooit meer naar school. Nooit meer rekenen. Nooit meer tafels leren.'

Mees knijpt zijn ogen stijf dicht.

Denk. Denk. Kom op. Denk.

Hij kan niet zomaar verdwenen zijn.

Hij moet ergens gebleven zijn. Maar waar?

In een ander ziekenhuis? Maar hoe komen ze erachter welk ziekenhuis?

'Of zouden ze daar een school hebben?' vraagt Luuk zich af. 'In de gevangenis? Misschien wel, hè? Voor kinderen van boeven. Die moeten ook wat leren.'

Mees springt op zijn fiets. 'Kom mee. We gaan naar de flat.'

'Wat? Waarom?'

'Daar zijn mensen die hem kennen. Misschien weet iemand waar hij gebleven is.'

Luuk tikt tegen zijn voorhoofd. 'Ben je gek man? Daar gaan we echt niet heen. Ze slaan ons zo in mekaar. Weet je niet meer hoe boos ze waren?'

'Op mij. Niet op jou. En anders ga je toch niet mee? Als je niet durft? Dan ga ik alleen.'

'Pfff. Niet durft. Ik ga echt wel mee. Wie moet er anders op je passen?

Nou. Kom je nog of niet?'

Mees springt op zijn fiets. *Gek*, denkt hij. *Ik vergeet helemaal om bang te zijn.*

'En nu?' hijgt Luuk. Hij gooit zijn fiets tegen de flat.

'Nu kijken we waar hij woont', zegt Mees. 'En dan gaan we naar de buren. Die weten het vast wel.

Hij gaat met zijn vinger langs de namen. *Veenstra. Bianca en Erik. Fam. van der Ploeg. Abdul. De Wit. Sutrisno. Braadpan. Azar. Geesje en Anco.*

'Geen Boon te vinden', zegt Luuk. 'Ik heb een beter idee.'

Hij drukt met twee handen zo veel mogelijk bellen tegelijk in.

'Attentie, attentie!' roept hij in de microfoon.

'HIER IS DE POLITIE!

WEET IEMAND OOK –'

Op dat moment gaat de deur van de flat open. Twee meisjes komen naar buiten. Mees schiet op de deur af. Hij kan hem nog net tegenhouden.

'...WAT ER MET DIE OUWE BOON GEBEURD IS?' schreeuwt Luuk.

Uit de luidspreker klinkt gezoem en geklik. En dan beginnen er stemmen door elkaar heen te praten.'

'Wat zegt u?'

'Ik begrijp ...'

'Allo? Allo?'

' mag niet praten ...'

'Wie is daar?'

'... vreemde mensen.'

'Luhuuk', roept Mees. 'We kunnen erin. Kom je?'

'Nee. Ik ben net met een onderzoek bezig. Wil je niet horen wat ze zeggen?'

'Nee. Kom op, man. We gaan naar binnen. Veel slimmer.'

Luuk schudt zijn hoofd. 'Ja hoor. Véééél slimmer. Als je gepakt wilt worden.'

'Nou, ik ga.'

Luuk luistert niet eens. Hij schreeuwt in de microfoon:

'HALLO! HALLO!

NIET ALLEMAAL DOOR ELKAAR PRATEN!

ZO HOOR IK NIKS!'

Mees haalt zijn schouders op. Hij gaat naar binnen en drukt op het knopje van de lift. Hij kijkt door het raampje. Het is donker daarbinnen. Kabels zakken naar beneden.

Waar moet hij beginnen? Op welke verdieping? Er schiet hem iets te binnen. Een stem. Een stem die iets belangrijks zei. Vlak na het ongeluk. Maar wat?

Mees knijpt zijn ogen dicht. Hij zoekt in zijn gedachten. En ineens heeft hij het.

'Dat is toch die meneer van de zevende?'

Mees glimlacht. Hij wipt van zijn ene been op zijn andere. De zevende. Hij moet naar de zevende. Daar wonen de buren van opa Boon. Die weten vast wat er met hem gebeurd is.

Een vloer zakt langs het raampje. De deuren zoeven open. Mees stapt naar binnen.

Bah. Wat een stank. Het lijkt hier wel een wc. Een wc waar nooit wordt schoongemaakt. Mees knijpt zijn neus dicht. Met zijn andere hand drukt hij op zeven. De lift schiet omhoog.

Een.

Twee.

Drie.

Vier.

De lift remt af.

De deuren gaan open. Een man komt de lift in. Een grote, kale man. Met armen vol draken en piraten. En oren vol ringetjes.

'Naar boven of naar beneden?' gromt hij.

'Boven', fluistert Mees.

De deuren van de lift gaan weer dicht. De grote, kale man zucht. Hij tikt met zijn voet op de grond. Hij kijkt omhoog. Omlaag. Naar links. Naar rechts. En dan gaan zijn ogen naar Mees.

'Hé', zegt hij langzaam. 'Ik ken jou ergens van ...'

17. Alarm

Mees slikt. O nee! Wat is hij stom geweest! Hij had nooit de lift moeten nemen! Nu zit hij opgesloten. Samen met Bill.

Bill met de gespierde drakenarmen.

Bill met het kale hoofd.

Bill met de ringetjes in zijn oren.

Bill, die denkt dat hij opa Boon omver heeft geschopt.

En die nog met hem af wilde rekenen.

Hij moet de lift uit! Nu meteen.

Te laat.

De deur is op slot.

De lift zoemt omhoog.

'Was jij niet die jongen ...' begint Bill. Hij houdt zijn hoofd schuin. Hij wrijft over zijn stoppelkin.

'Jaha. Volgens mij wel. Jij was die jongen die ...'

Mees bedenkt zich niet. Hij neemt een duik naar de knopjes. Met zijn duim drukt hij de alarmknop in.

Een bel begint te rinkelen. De lift staat met een schok stil.

Help!

Nee!

Dat was niet de bedoeling! De lift moet verder!

Mees laat de alarmknop los. De bel stopt met rinkelen. Maar de lift beweegt niet.

'Wat doe jíj?' vraagt Bill.

'Ik wil eruit', piept Mees. Hij rammelt aan de deur.

'Halverwege?' Bill schudt zijn hoofd. 'Zou ik niet doen. Behalve als je door de muur wilt.'

Dreigend doet hij een stap naar Mees toe. Langzaam steekt hij zijn hand uit. Mees springt weg.

'Luuuuuuk!' schreeuwt hij, zo hard hij kan. 'LUUUUUUUK!'

Bill drukt op nummer zeven. De lift komt weer in beweging.

'LUUUHUUUUK!'

'Stop met gillen!' roept Bill. 'Wat is er mis met jou?'

Mees zet zijn handen in zijn zij. Hij kijkt zo gemeen als hij kan. 'Niks', zegt hij. 'Helemaal niks. Ik roep gewoon mijn vriend even. Mijn grote vriend.'

'Ja ja. Maar jij was dus die jongen –'

PING! De lift stopt. De deuren gaan open. Mees wringt zich snel langs de man. Hij rent het portaal in.

'Hé!' hoort hij achter zich. 'Wacht es effe, jij!'

Mees rukt de deur naar de galerij open. De wind blaast in zijn gezicht. Bijna botst hij tegen een man op.

'Natuurlijk!' klinkt een boze stem.

'Natuurlijk.

Een ouwe vent. Loop maar omver.'

Mees blijft stokstijf stil staan. Zijn hart bonkt.

Die stem. Dat is de stem van –

Het kan niet. Maar het is zo. Daar staat opa Boon. Met een boodschappentas op wieltjes.

'Hè?' stottert Mees. 'Ik dacht ... Ik dacht ...'

'Dacht je maar', snauwt opa Boon.

'Dan liep je geen ouwe mensen omver.'

'Maar – maar ligt u niet in het ziekenhuis?'

'Nou zulle we het krijge. Mot dat soms?'

'Maar – u zei toch ...'

'Ik zei wát?' De wind blaast opa Boons haar omhoog. Het lijkt wel een grijze puntmuts.

'U zei dat uw heup gebroken was! U ging met de ziekenauto!'

Opa Boon slaat zijn haar plat. Hij drukt zijn bril op zijn neus. Hij bekijkt Mees van top tot teen.

'O. Nou zie ik het. Het is Ronaldo. De grote voetballer. Wat dacht je? Eén keer is niet genoeg? Ik gooi die ouwe nog es omver?'

'Mees!' roept Luuk. Hij komt de galerij op rennen.

'Mees! Ik weet waar hij woont. Hij woont op de –'

Slippend komt Luuk tot stilstand. Hij grijpt zich vast aan de reling. Zijn ogen worden groot van verbazing.

'Hè? Hoe kan dat? Wat doet u hier? U had toch uw heup gebroken? Nouuuuuu ja.

We hebben speciaal voor u gespijbeld. We zijn naar het ziekenhuis geweest. We hebben overal gezocht. En dan bent u gewoon thuis!'

'Zeg, hoor eens, snotneus', zegt opa Boon boos.

'Mot ik me nog schuldig gaan voelen ook? Dat er niks met me an de hand is? Had ik jullie motte waarschuwe of zo?

Ja, ze hebben me naar het ziekenhuis gebracht. Ik zeg nog zo: niet doen. Laat me gaan. D'r is niks met me aan de hand.

Maar hou die jongens van de ambulance maar eens tegen. Die zien iemand op straat leggen, en hoppa!

Naar het ziekenhuis ermee.

Nergens voor nodig, natuurlijk. Wist ik wel. Ik ken wel tegen een stootje.

Maar ja. Die lui denken maar aan één ding. Geld.

Hoe meer patiënten, hoe meer geld.'

Opa Boon kijkt kwaad voor zich uit.

'Dus we hebben voor niks gespijbeld!' zegt Luuk.

'Maar we zijn blij dat u niks hebt!' zegt Mees snel.

'O ja', zegt Luuk. 'Heel blij.'

'Hmpf', bromt opa Boon.

'Nou, dan gaan we maar weer', zegt Mees. Hij geeft opa Boon een hand. 'Sorry hè. Heel erg sorry. Ik meen het.'

'Ja ja', moppert opa Boon. 'Dat heb je al tien keer gezegd. Zorg er liever voor dat je leert voetballen.'

'Laat dat maar aan mij over', zegt Luuk. 'Kom op, Mees. Doei hè, meneer Boon.'

'Wat Boon!' zegt opa Boon verontwaardigd. 'De naam is Boonstra. Geen Boon!'

'Hé, Boon!' klinkt een zware stem. 'Ik geloof me ogen niet. Heb je bezoek?'

18. Onderbroeken

Mees krimpt in elkaar. Het is Bill!
'Ahaaa', zegt Bill. Hij grijnst gemeen naar Mees.
'Dus dáár ging je naartoe. Naar opa Boon.'
'Om sorry te zeggen', zegt Mees snel.
'Om sorry te zeggen?' Bill begint te lachen.
'Wahaha! Dat is een goeie! Sorry zeggen!
D'r was niks met die ouwe aan de hand. Dat had ik nog willen zeggen, zonet in de lift.
Maar je rende zo hard weg.'
Bill buigt zich naar Mees toe.
Hij fluistert: 'Ik wil opa Boon niet beledigen, natuurlijk.
Maar het is natuurlijk een dikke aansteller. Dat weet iedereen.'
'Wát zei je?' vraagt opa Boon.
'Dat je een aansteller bent!' zegt Bill.
Hij geeft opa Boon een klap op zijn schouder. 'En een ouwe mopperkont.'
Opa Boon zwaait dreigend met zijn vuist. 'Pas op je woorden, jij. Mot je een ram?'
'Een ram? Nee, doe maar koffie. Ik heb net koeken gehaald.' Bill houdt een papieren zak op.
'Jullie ook een bakkie, jongens?'
Mees schudt zijn hoofd. 'Nee, dank u. Wij eh ... wij houden niet van koffie.'
'Opa Boon heeft ook wel limonade.'
'En we moeten naar school.'

'Kom op!' zegt Bill. 'Jullie zijn nu toch al te laat.'

'We mogen niet mee met vreemde mensen', legt Luuk uit.

'Voor het geval het kinderlokkers zijn. Snapt u?'

'Wát!' zegt opa Boon beledigd.

'Niet dat we denken dat u dat bent', zegt Mees snel.

'Maar we gaan toch maar.'

'Ja', zegt Luuk. 'Tot ziens. Het was gezellig.'

Snel lopen ze naar de lift.

'Hé!' roept opa Boon hen na.

'Kijk een beetje uit onderweg. Er was net een bericht op de radio.

Er zijn twee gevaarlijke clowns uit het ziekenhuis ontsnapt.'

Mees haalt zijn fiets van het slot. 'Hoe laat is het eigenlijk?' vraagt hij.

Luuk kijkt op zijn horloge.

'Wow! Al twaalf uur geweest! De school is al bijna uit. We gaan niet meer, hoor.'

Mees springt op zijn fiets. 'Jawel man! We moeten naar school. Anders krijgen we dikke problemen.'

'O-oo', zegt Luuk. 'Volgens mij hebben we die al.'

Hij wijst naar het rode autootje dat aan komt rijden. 'Dat is toch de auto van je opa?'

'Ja!' zegt Mees verrast. 'Hé, oop!'

De auto stopt vlak voor de stoep. Opa wringt zich eruit. Hij rent op Mees af.

'Mees!' zegt hij. Hij drukt Mees tegen zich aan.

'Wat ben ik blij dat ik je zie. Wat is er gebeurd? Iedereen is naar jullie op zoek! Luuks moeder. De school. De politie.'

'Opa', puft Mees. 'Ik kan geen adem meer halen!'

'O, sorry', zegt opa. Hij laat Mees los.

'Vertel. Wat is er gebeurd? Of nee – wacht.

Mijn mobiel. Waar heb ik mijn mobiel? Ik moet eerst bellen.'

Opa klopt op al zijn zakken. Hij haalt een klein mobieltje uit zijn broekzak.

'Hallo?' roept hij.

'Hallo? Hallo!

Ik heb ze gevonden. Ja. Bij de flats.

Geen idee. Geen idee wat ze hier doen.

Goed. Ik wacht.

Natuurlijk.'

Opa klapt zijn mobieltje dicht.

'Je moeder komt eraan', zegt hij tegen Luuk.

'O nee', kreunt Luuk.

Het duurt geen halve minuut. Dan komt een grijze Volvo de parkeerplaats op scheuren. De auto stopt met piepende remmen. Er springt een dame in Hema-uniform uit.

'Luuk!' roept ze. Ze schudt hem door elkaar.

'Ben je nou helemaal gek geworden!

Ik was gek van angst, Luuk. Gek van angst.

Wat doe je hier? Waar ben je geweest? Waarom zit je niet op school?'

'Dat is omdat –' begint Luuk.

Luuks moeder zet haar handen in haar zij. 'Hé! Houd je mond, jij! Ik ben nog niet uitgepraat.

Wat denk je wel! De hele stad is naar jullie op zoek!'

'Maar we waren –' probeert Luuk.

'Ik heb vrij moeten nemen!' raast zijn moeder door.

'Een snipperdag!

En mijn baas was niet blij. O nee! Helemaal niet.

Luuks moeder haalt even adem. Dan gaat ze verder.

'WAT heb je uitgehaald, Luuk! HOE kom je zo smerig?

En WAAROM heb je MEES meegesleept?

MEES, notabene. Hoe kom je op het idee?'

Luuk zegt niets meer. Het lijkt wel of hij steeds kleiner wordt.

Mees steekt zijn vinger op.

'Eh ... moeder van Luuk?' zegt hij zacht.

Luuks moeder luistert niet. 'Net vandaag! Nu de nieuwe onder-broeken zijn aangekomen. En de nieuwe behaatjes.

Wie moet ze uitzoeken? Wie moet ze in de rekken leggen? De baas soms?'

Mees schraapt zijn keel. 'Moeder van Luuk', zegt hij, iets harder.

'Nu niet, Mees. Ik ben even met Luuk aan het praten.'

Mees zet zijn handen aan zijn mond. 'HET WAS NIET LUUKS SCHULD!' roept hij.

'Het was mijn schuld.'

Luuks moeder knippert met haar ogen. 'Wat zei je?' vraagt ze.

'Is dat waar, Luuk?'

Luuk haalt zijn schouders op. Hij kijkt naar de grond.

'Ík ging spijbelen', zegt Mees. 'En Luuk ging met me mee.

Om te helpen.

Omdat hij mijn beste vriend is. Daarom.'

Opa legt zijn hand op Mees' schouder. Hij kijkt Luuks moeder aan.

'Mevrouw De Vries. Ik weet niet wat de jongens gedaan hebben.

Maar ze hadden er vast een goede reden voor. Denkt u ook niet?'

Luuks moeder doet haar mond open. 'Eh ...' zegt ze.

En ze doet haar mond weer dicht.

'Luuk, doe mijn achterklep eens open', zegt opa.
'En Mees? Help me even om die fietsen erin te leggen.
We gaan snel naar school. Juf Kelly wacht.'

19. Rode kaart

Mees en Luuk lopen samen door de gang. Opa en Luuks moeder komen achter hen aan.

De kapstokken zijn leeg. De voetstappen klinken hol. Er is niemand meer in school. Niemand. Behalve juf Kelly.

Mees' maag knijpt samen. Zou ze boos zijn? Natuurlijk is ze boos.

Heel boos.

Wat voor straf zouden ze krijgen?

Strenge Maatregelen?

De deur van de klas staat op een kier open. Mees kijkt om het hoekje. Daar zit juf Kelly. Ze kijkt schriften na. Haar mond staat strak.

Mees klopt op de deur. Juf Kelly kijkt op.

'Mees', zegt ze. 'Luuk. Kom erin.'

Mees haalt diep adem. Dan recht hij zijn rug. Hij stapt naar binnen.

Juf Kelly staat op. Ze legt haar handen op haar rug. Een diepe rimpel snijdt haar voorhoofd in tweeën.

'Mees. Luuk.'

'Ja, juf', zegt Mees.

'Wij hebben regels hier op school.'

'Ja juf.'

'Die regels zijn er niet voor niets.'

'Nee juf.'

'Spijbelen is streng verboden.

En dat is niet míjn regel. Dat is een regel van de school.'

Juf Kelly tikt met haar voet op de vloer.

'Jullie weten niet hoe gelukkig jullie zijn! Dat jullie elke dag naar school mogen. Dat jullie elke dag naar school *kunnen*.'

Luuk schraapt zijn keel. Mees voelt dat hij iets gaat zeggen. Iets niet zo handigs. Snel trapt hij Luuk op zijn tenen.

'Au!' fluistert Luuk.

Juf Kelly staart in de verte. 'Miljoenen kinderen zouden naar school willen. Maar ze kunnen niet.

En waarom niet?

Omdat er geen geld is. Omdat er geen school is. Omdat er geen meester of juf is. Omdat ze moeten werken.

En wat doen jullie? Jullie verwende Nederlandse kinderen? Jullie spijbelen!'

Mees zucht. Zo had hij het nog niet bekeken.

'Eh ... juf?' zegt opa.

Juf kijkt verstoord op. 'Ja, meneer Modderman?'

'Ik ben benieuwd waaróm ze gespijbeld hebben. U ook?'

Juf Kelly perst haar lippen op elkaar.

'Nee', zegt ze. 'Daar ben ik niet benieuwd naar.

Het kan me niet schelen.'

'Mij wel', zegt opa.

'Mij ook', zegt Luuks moeder.

'Ik ken Mees al wat langer dan vandaag', zegt opa.

'Mees spijbelt niet zomaar.'

'Luuk ook niet', zegt Luuks moeder. Ze schudt haar hoofd.

'Er moet al echt iets aan de hand zijn. Anders spijbelt hij niet.'

'Dus', zegt opa. 'Wáár waren jullie?'

'Op zoek', zegt Mees.

'Naar een oude man.

En het is mijn schuld. Niet die van Luuk.'

Mees vertelt. Eerst langzaam. Maar dan steeds sneller.

Hoe hij per ongeluk opa Boon raakte met de bal.

Hoe opa Boon op de grond viel.

Hoe de ambulance kwam.

Hoe hij en Luuk wegrenden. En dat hij vreselijke spijt kreeg.
Eigenlijk meteen al. Maar 's nachts nog veel erger. Zo erg dat hij
niet meer kon slapen.

Hij móést opa Boon opzoeken.

'En dus wilde ik vanmorgen naar het ziekenhuis gaan. Niet lang.
Heel even maar.

Alleen om te kijken hoe het ging. En om sorry te zeggen.

Ik dacht, dan kom ik misschien te laat op school. Maar dat geeft
niet. Dan krijg ik maar een oepskaart.'

'Ziekenbezoek?' zegt juf Kelly grimmig.

'Dat was het? Je wou op ziekenbezoek?'

Mees knikt. 'Ja.'

'Mees was vreselijk ongerust', legt Luuk uit.

'Die man was zwaar gewond, hoor. Ze kwamen hem met een
ziekenauto ophalen. En het was helemaal Mees z'n schuld.'

'O ja?' zegt juf Kelly. 'Waarom heb jíj dan gespijbeld?'

Luuk doet zijn armen over elkaar.

'Omdat Mees mijn beste vriend is. Toevallig. Daarom.'

Mees glimlacht. Hij wist wel dat Luuk zijn beste vriend was.

'Ik zag dat Mees zich verstopte', gaat Luuk verder.

'Vanmorgen, toen de bel ging. Ik dacht, hij is boos op me. Ik moet sorry zeggen.

Maar toen fietste Mees weg. En toen ben ik achter hem aan gegaan. En dat was maar goed ook.

Zonder mij had hij het nooit gered. Hè, Mees?'

'Ja', zegt Mees. 'Zonder mijn beste vriend had ik het nooit gered.'

'Heel ontroerend', zegt juf Kelly.

'Maar jullie krijgen wel een rode kaart.'

'Wát?' zegt Luuk verontwaardigd.

'Ik had nog niet eens een gele!'

'Vanmiddag halen jullie al het werk in', gaat juf Kelly verder.

'Hier, bij mij in de klas.

En elke middag na school moeten jullie nablijven. Twee weken lang.

O ja, jullie schrijven een opstel. Over Regels en Afspraken.'

'Mogen ze eerst misschien even eten?' vraagt opa.

Juf Kelly kijkt op haar horloge. 'Ik geef ze een kwartier. Dan moeten ze weer terug zijn. Begrepen?'

20. Mees zonder Vrees

'Dus je hebt een oepskaart gehaald?' zegt papa. Hij laat zich achterover op de bank zakken. Hij legt zijn benen op tafel. 'Twee', zegt Mees trots. Hij gaat naast papa zitten. Hij is nog nooit zo moe geweest. Maar ook nog nooit zo tevreden.

'Wat!' zegt papa. 'Twee oepskaarten?'

'Een gele en een rode', zegt Mees. 'Geel voor vechten. En rood voor spijbelen.'

'Wat?' Papa schiet overeind. 'Heb jij gevochten? En gespijbeld? Mees toch! Dat mag toch niet! Dat weet je!'

Mees kijkt papa verbaasd aan. 'Jij wou dat ik kattenkwaad zou uithalen! Net als jij vroeger. En net als opa.'

Papa krabt aan zijn hoofd. 'Heb ik dat gezegd?'

'Ja. Je zou trots zijn als ik een oepskaart zou halen. Dat zei je. En opa zei het ook.'

'Hallo!' zegt papa. 'Ik bedoelde niet dat je moest vechten. Of spijbelen. Stel je voor!

Kattenkwaad uithalen, bedoelde ik. Je weet wel. Gel op de wc-bril smeren. Een kikker in het glas van de juf doen. Belletje trekken. Dat soort dingen.'

'Dat was het nou juist', zegt Mees. 'Ik ging belletje trekken. Nou ja, niet echt. Ik ging eigenlijk belletje beuken.'

Papa wrijft met zijn handen door zijn ogen. 'Oké, Mees. Vertel me alles.'

Mees vertelt. Papa luistert.

'Mees, Mees', zegt hij dan. Hij schudt zijn hoofd. Maar het lijkt net of hij moet lachen. 'Je bent ongelofelijk.'

'Hij is erger dan jij en ik bij elkaar', zegt opa trots.

'Wat hij allemaal gedaan heeft. Vechten. Spijbelen. Voor clown spelen. Door het ziekenhuis sluipen. De lift stilzetten.

En dat allemaal omdat hij sorry wou zeggen. Tegen een heel onaardige man. Daar moet je lef voor hebben.

Ik weet een goede naam voor hem, Daan.

Mees zonder Vrees.

Zo moeten we hem voortaan noemen.'

'Mees zonder Vrees', zegt papa. Hij knikt. 'Je hebt gelijk, pa. Dat is een heel goeie naam. Mees zonder Vrees.'

Hoi mama
Ik hoop dat je het
niet erg vint
Maar ik denk niet
Dat ik dit jaar de
Prijs van braafste
Kind ga winnen.
Kusjes van
Je zoon
Mees

Ps kijk uit voor die
Blauwe kniespin!!!

Beste ouders

Slecht nieuws!
Juf Kelly gaat ons verlaten.
Ze gaat terug naar Amerika.
We zullen haar missen.

Goed nieuws!
Meester Frans wordt de
nieuwe meester van groep 5.
Meester Frans kreeg vorig jaar de prijs:
'leukste meester van Nederland'.

Directeur
Piet Vreede